"我爱会计"实务速成系列

出纳实务

第二版

我爱会计 著

U0368410

清华大学出版社
北京

内 容 简 介

本书是 2013 年 2 月出版的《出纳实务》的再版,全面体现了"营改增"等最新会计政策,增加了单位结算卡、支付宝和微信支付、小企业出纳业务等内容。

本书从企业人才需求出发,以实务为导向,以培养出纳上岗能力为目标,内容涵盖基础技能、现金业务、银行账户、银行结算业务、月末及其他业务 5 篇,共 29 项具体业务。本书适合出纳初学者使用。

图书在版编目(CIP)数据

出纳实务/我爱会计著. —2 版. —北京:清华大学出版社,2017(2023.8重印)

("我爱会计"实务速成系列)

ISBN 978-7-302-48148-5

Ⅰ. ①出… Ⅱ. ①我… Ⅲ. ①出纳—会计实务 Ⅳ. ①F231.7

中国版本图书馆 CIP 数据核字(2017)第 206818 号

责任编辑:陈凌云
封面设计:毛丽娟
责任校对:袁 芳
责任印制:刘海龙

出版发行:清华大学出版社

   网 址:http://www.tup.com.cn,http://www.wqbook.com

   地 址:北京清华大学学研大厦 A 座   **邮 编**:100084

   社 总 机:010-83470000   **邮 购**:010-62786544

   投稿与读者服务:010-62776969,c-service@tup.tsinghua.edu.cn

   质量反馈:010-62772015,zhiliang@tup.tsinghua.edu.cn

印 装 者:三河市君旺印务有限公司

经 销:全国新华书店

开 本:185mm×260mm **印 张**:15.25 **字 数**:293 千字

版 次:2013 年 2 月第 1 版 2017 年 12 月第 2 版 **印 次**:2023 年 8 月第 5 次印刷

定 价:48.00 元

产品编号:074573-02

丛书 序

会计是商业的语言,在商业活动中发挥着不可替代的作用。通过它,可以学习甚至掌握任何一种商业的经营过程,可以使各种经济事务在企业内部,或者在企业之间、企业与政府等机构之间进行更好的交流。会计人才在维护市场经济秩序、推动科学发展、促进社会和谐等方面起着至关重要的作用。

"我爱会计"实务速成系列丛书,从实际业务出发,以会计学员真实需求为出发点,采用"情景—胜任"式的编写思路,以实务工作任务为驱动力,融入情景案例,带给学员身临其境的实务学习感受,逐步指引会计初学者掌握实务操作技能,迅速具备上岗能力,从而实现增强会计人员就业竞争力的目的。

本系列丛书配套的"我爱会计"财会云学习平台,是由行业精英团队耗时七年精心打造的。七年来,我们不断丰富课程内容,优化教材质量,集合全国会计培训机构、职业院校的实力与经验,精心打造出了涵盖出纳、手工账、商业会计、工业会计、纳税五大全新实务课程的教学体系。

"我爱会计"的教学体系和教学方式现已覆盖全国300多个会计培训教学点以及上百所职业院校,其影响力正在会计培训和职业教育领域逐渐形成。

一套有强大生命力的教材,应该以满足学员的实际需要为宗旨,并且要不断适应时代的变化。本系列丛书以就业为导向,以实训为目标,通过角色模拟的手段,强化学员的实际动手能力,切实提升学员上岗前的实际应用能力。为了突出实际工作特点,本系列丛书引入企业日常经营过程中经常发生的、真实的经济业务,扫描真实的凭证、单据,结合实例进行仿真操作,目的是让读者在学习时能够得心应手,从而快速提高实务技能。

衷心希望本系列丛书的出版能为我国会计教育事业的发展,特别是会计实务人才的培养作出贡献,这是我们孜孜以求的目标,我们将一如既往地为此努力。

我爱会计

2017 年 7 月

第二版前言

FOREWORD

　　《出纳实务》自 2013 年 2 月出版以来，深受院校和培训机构师生的欢迎。近年来，我国的会计法律、法规发生了很多变化，特别是"营改增"的全面实施对会计工作产生了十分重要的影响。此外，会计凭证、支付方式等的变化，也对出纳实务工作提出了新的挑战。有鉴于此，我们组织专家对原有内容进行了修订。第二版在保留原书特色的基础上，从以下三个方面进行了完善与升级。

1. 反映最新会计政策

　　此次修订全面体现了"营改增"政策，修改了"营改增"影响到的会计单据及税率。另外，随着"五证合一"的实施，新版教材中的营业执照统一换成了带 18 位社会信用代码的最新营业执照。其他常见的业务单据，我们也根据最新实务工作要求进行了更新。

2. 增加出纳新业务内容

　　此次修订新增加的出纳业务工作包括：①第一篇的业务 1 中新增加 2015 年版 100 元人民币的真伪辨别内容；②第三篇新增加业务 14"申请单位结算卡"；③第四篇新增加业务 21"支付宝和微信支付"；④第五篇新增加业务 29"小企业出纳业务"。

3. 创新学习方式

　　本书第一版，我们在书后提供了体验账号，以便学员进行部分业务的在线学习与实操。第二版，我们充分利用互联网带来的便利，进一步加强了线上线下学习的结合。购买账号后（具体购买方式请关注本书封底我爱会计官方微信），就可以登录"我爱会计"财会云学习平台，进行全部业务内容的在线学习与实操。

　　希望本次修订能在业务内容更新、学习方式创新等方面给广大学员提供更好的帮助与便利。

我爱会计

2017 年 7 月

第一版前言

出纳是财务工作的起点,担负着会计核算的基础工作,是企业财务工作的重要组成部分。作为企业一个专门的财务岗位,它对从业者具有较高的专业要求,不但要具备会计的基本知识和技能,还要有扎实的出纳专业技能,包括现金收付及点验、各种票据及印鉴的保管、银行结算方式的选择、日记账的登记及资金报告的编制等。

本书旨在帮助那些希望从事出纳工作的学生和社会在职人员快速掌握和提升专业知识、操作能力,从而迅速具备上岗的能力。本书具备以下几方面的特点。

1. 实务性强

本书从企业人才需求出发,以培养出纳实操能力为目标,全面、详细介绍了出纳常见业务的处理流程与方法。例如,本书将转账支票的开具详细分解为六步:查询银行存款余额→提出申请并登记转账支票使用登记簿→填写支票→盖章审批→生成密码并填入→到银行转账或将支票正联交给收款人,并对每一个操作步骤的要点都进行了详细讲解。学员学完之后,就可以准确无误地开具转账支票了。

2. 仿真性强

本书所用的原始凭证、账簿等都是高度仿真的,学员在学习过程中就能够接触到真实的表单,获得真实的业务操作体验。

3. 教学设计思路先进

本书采用"情景—胜任"式的编写思路,综合情景案例、场景故事等多种教学方式,旨在提升初学者的实操能力,迅速具备出纳上岗能力。

4. 职业能力构建导向清晰

本书将出纳应具备的职业能力归纳为五个方面,为学员呈现了一个清晰的学习路径图。这五个方面的能力分别是基础技能、现金业务、银行账户、银行结算业务、月末及其他业务,几乎涵盖了出纳日常所能接触到的所有业务。学员认真学完本书后,基本就能达到一般企业对出纳的要求。

由于编者水平有限,书中肯定存在不足和疏漏之处,欢迎广大读者批评、指正。

2013 年 1 月

目 录

CONTENTS

开篇　出纳岗位职责 ································· 1

第一篇　基础技能 ··································· 5

业务 1　点验钞票 ······························· 8

业务 2　使用保险柜 ····························· 26

业务 3　填写票据 ······························· 29

业务 4　使用印鉴 ······························· 34

第二篇　现金业务 ··································· 37

业务 5　取现业务 ······························· 40

业务 6　现金收款业务 ··························· 52

业务 7　存现业务 ······························· 59

业务 8　报销业务 ······························· 64

业务 9　员工借款 ······························· 71

业务 10　现金日清 ······························ 76

第三篇　银行账户 ··································· 85

业务 11　银行账户分类 ·························· 89

业务 12　银行账户管理 ·························· 92

业务 13　申请贷款卡 ···························· 98

业务 14　申请单位结算卡 ······················ 102

第四篇　银行结算业务 ······························ 107

业务 15　转账支票 ······························ 111

业务 16　银行本票 ······························ 122

业务 17　电汇 …………………………………………………… 131

业务 18　银行汇票 ………………………………………………… 139

业务 19　银行承兑汇票 …………………………………………… 150

业务 20　网上支付 ………………………………………………… 164

业务 21　支付宝和微信支付 ……………………………………… 170

业务 22　银行存款日记账 ………………………………………… 181

第五篇　月末及其他业务 …………………………………………… 187

业务 23　月末盘点与对账 ………………………………………… 190

业务 24　月末结账 ………………………………………………… 197

业务 25　编制资金报表 …………………………………………… 201

业务 26　工作交接 ………………………………………………… 206

业务 27　凭证的购买与保管 ……………………………………… 210

业务 28　工资发放 ………………………………………………… 213

业务 29　小企业出纳业务 ………………………………………… 221

出纳岗位职责

出纳岗位要求

- 熟练点验钞票、填写票据和使用保险柜、印鉴；
- 按国家和公司规定复核现金收款凭证，办理现金收款业务；
- 按公司财务制度办理报销业务，复核各类现金付款凭证；
- 办理各类银行账户的开立、变更和撤销；
- 熟练运用转账支票、电汇、银行承兑汇票等银行结算方式；
- 编制日记账、资金报表及月末盘点、对账、结账。

什么是出纳工作？顾名思义，出即支出，纳即纳入。从广义上讲，只要是票据、货币资金和有价证券的收付、保管、核算，都属于出纳的工作范围。那么，出纳岗位的具体职责有哪些呢？首先我们来看一则出纳招聘信息（见图0-1）。

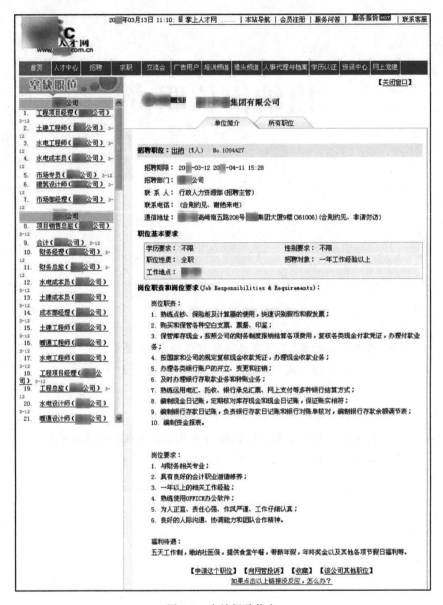

图 0-1　出纳招聘信息

从图0-1我们可以清楚地看到，出纳岗位的具体职责包括现金收付及点验、各种票据及印鉴的保管、银行结算方式的选择、日记账的登记及资金报表的编制等。

通过上述岗位职责可以归纳出出纳应掌握的 5 个能力点：基础技能、现金业务、银行账户、银行结算业务、月末及其他业务(见图 0-2)。

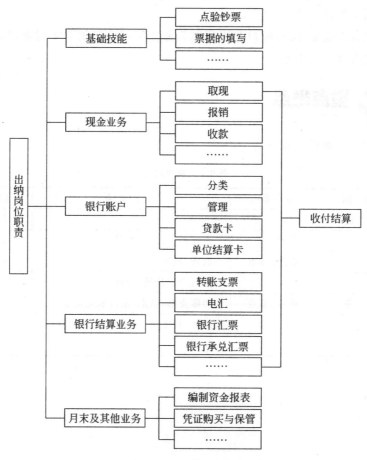

图 0-2 出纳岗位职责

1. 基础技能

基础技能就是出纳在工作中必须掌握的技能,如点验钞票、填写票据等,这是出纳在工作中必须掌握的,是现金业务和银行结算业务等工作的基础。

2. 现金业务

现金业务包括取现、报销、收款等,主要分为现金收入、现金支出及现金日清。

3. 银行账户

银行账户是企业在银行开立的银行结算账户,出纳要懂得如何开户、变更及账户的日常管理。

4．银行结算业务

银行结算业务是指企业委托银行收付的相关业务，如转账、电汇、托收、承兑等。

5．月末及其他业务

月末及其他业务对于出纳来说也是一项重要的工作。月末业务主要是对出纳当月工作内容的总结，如对账、月末盘点、结账、编制资金报表等。其他业务主要包括凭证购买及保管、工资发放等。

上述的现金业务、银行账户和银行结算业务又可以归纳为收付业务，是出纳日常工作中经常办理的业务。

本书的重点难点见表 0-1。

表 0-1　重点难点

能力目标	重点难点	学习重点	建议学时
出纳岗位职责			1 课时
基础技能	重点	点验钞票、填写票据	3 课时
现金业务	重点、难点	取现、报销	8 课时
银行账户		银行账户分类、管理	2 课时
银行结算业务	重点、难点	转账支票、电汇、银行承兑汇票	12 课时
月末及其他业务	重点	对账、月末盘点、结账、工作交接	6 课时
合　　计			32 课时

第一篇

基础技能

能力目标

- 迅速识别钞票真伪,快速、正确点钞,正确处理残币;
- 正确使用和管理保险柜;
- 掌握金额书写规范及日期书写技巧;
- 掌握印鉴的使用及管理。

出纳每天要与钱打交道，必须熟练操作与现金、银行收支相关的业务事项。收到钞票时如何正确点验钞票；点验好钞票后如何存放；去银行办理业务时怎样填写相应的银行单据，单据上应该盖哪些印鉴等（见图 1-1），这些都是出纳应掌握的基础技能。

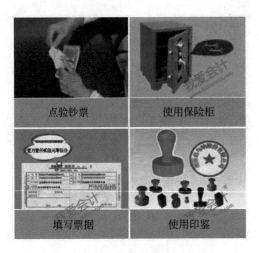

图 1-1　出纳应掌握的基础技能

 **业务要点**

既然基础技能对出纳工作如此重要，那它涵盖哪些要点呢？总的来说，出纳应具备的基础技能主要包括点验钞票、使用保险柜、填写票据、使用印鉴（见表 1-1）。

表 1-1　业务要点和知识要点

能力要点	业务要点	知 识 要 点
基础技能	点验钞票	验钞
		点钞
		残币处理
	使用保险柜	保险柜的管理
		保险柜的日常使用及维护
	填写票据	金额书写
		日期书写
	使用印鉴	印鉴的作用及保管

1. 点验钞票

点验钞票在出纳工作中具体表现为准确验钞、点钞以及正确处理残币。

2. 使用保险柜

作为出纳应该做好保险柜的日常管理。

3. 填写票据

填写票据主要是金额和日期的规范书写。

4. 使用印鉴

使用印鉴是出纳工作很重要的一环,出纳对于不同印鉴的作用和保管人要做到心中有数。

本篇的重点难点见表1-2。

表 1-2　重点难点

业务目标	重点难点	学习重点	建议学时
点验钞票	重点	验钞方法、点钞方法、残币处理	1 课时
使用保险柜		保险柜日常管理	2 课时
填写票据	重点、难点	票据金额、日期书写	
使用印鉴		印鉴的作用	
合　计			3 课时

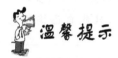

出纳练习点钞用的练功券可以在文具用品店购买,也可以在网上购买,价格约为 2.5 元/100 张。

业务 1 　 点 验 钞 票

一、验钞

情景案例

钱多多毕业后准备到企业担任出纳职务。

钱多多心想：出纳职务肯定要跟钱打交道，如果收到假币该怎么办？于是，钱多多咨询了很多担任过出纳的有经验人士。

出纳甲回答："我以前收过一次假钞，结果自己掏腰包赔了。"

出纳乙回答："这个完全看企业的规定了。如果老板说出现事故个人负责，你就要自掏腰包了；如果老板宽宏大量，就可以替你报销了。"

出纳丙回答："自认倒霉，自己没做好本职工作，只能自己掏腰包解决。"

验钞是出纳人员最重要的基础技能之一。对于收到的每一张纸币，出纳都要认真进行检验，稍有不慎就可能"中招"。由于绝大部分的企业对出纳收到假币都是采取"自行消化"的原则（由出纳自己赔偿），所以出纳除了申请购买验钞机外，还应该练就熟练验钞的本领。

2015 年版第五套 100 元人民币于 2015 年 11 月 12 日正式发行后，与 2005 年版 100 元人民币等值流通。不同版本人民币的真伪币辨别细节略有不同，以下重点讲解 2015 年版 100 元人民币和 2005 年版 100 元人民币的检验方法。

（一）熟悉 2015 年版 100 元人民币

2015 年版第五套人民币 100 元纸币的正面和背面见图 1-2。

2015 年版 100 元人民币与 2005 年版 100 元人民币的差异主要有以下几个方面。

1. 胶印对印图案变更

2015 年版 100 元人民币左下角的图案（见图 1-3 中①）变为数字"100"的胶印对印图案，2005 年版的为荧光数字"100"；2015 年版 100 元人民币取消了左侧中间位

正面

背面

图 1-2 2015 年版 100 元人民币

2015 年版

2005 年版

图 1-3 2015 年版 100 元人民币与 2005 年版的差异(胶印对印图案变更)

置（见图 1-3 中②）的古钱币胶印对印图案。

2. 图案色彩变更

（1）正面。2015 年版 100 元人民币票面正面中部（见图 1-4 中①）的数字"100"以金色为主；正面中央（见图 1-4 中②）团花图案中心花卉色彩由 2005 年版的橘红色调整为紫色，取消了花卉外淡蓝色花环，并对团花图案接线形式做了调整。

图 1-4　2015 年版 100 元人民币与 2005 年版的差异（正面图案色彩变更）

（2）背面。2015 年版 100 元人民币左下角（见图 1-5 中③）数字"100"上半部颜色由深紫色调整为浅紫色，下半部由大红色调整为橘红色，并对线纹结构进行了调整。

3. 年号、图案调整

（1）正面。2015 年版 100 元人民币右上角（见图 1-6 中①）数字"100"排列变为竖排的实心数字，并取消 2005 年版的数字下花形图案和隐形面额；2015 年版 100 元人民币右侧中部（见图 1-6 中②）取消凹印手感线，改为与正面左下角相同编号的蓝色数字。

（2）背面。2015 年版 100 元人民币的年号调整为"2015"（见图 1-7 中③）。

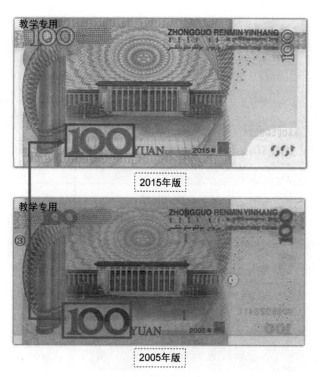

图 1-5　2015 年版 100 元人民币与 2005 年版的差异（背面图案色彩变更）

图 1-6　2015 年版 100 元人民币与 2005 年版的差异（正面图案调整）

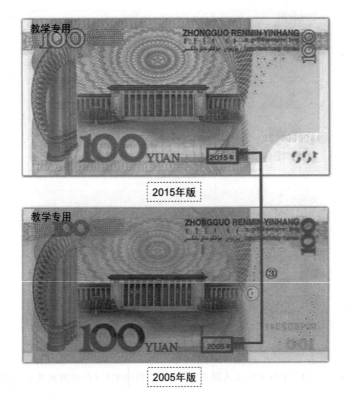

图 1-7　2015 年版 100 元人民币与 2005 年版的差异（背面年号调整）

4. 安全线变更

2015 年版 100 元人民币正面右侧（见图 1-8 中①）新增了光变镂空开窗安全线，垂直票面观察，安全线呈品红色；2005 年版 100 元人民币安全线则位于票面正面左侧，交替隐藏在票面正反面。

（二）2015 年版 100 元人民币验钞

验钞有四个基本的方法，即"一看、二摸、三听、四测"。下面具体介绍 2015 年版 100 元人民币的鉴别技巧。

1. 看

"看"的内容包括颜色、号码、水印、图案、数字安全线等。

（1）颜色（实用指数☆）

看钞票的纸张颜色是否鲜艳适当，假币颜色要么过于鲜艳，要么过于黯淡。

（2）横竖双号码（实用指数☆☆）

2015 年版 100 元人民币采用横竖双号码，票面正面左下方横号码的冠字和前四位数字为暗红色，后六位数字为黑色；右侧竖号码为蓝色，横竖号码一定是一样的（见图 1-9）。

图 1-8　2015 年版 100 元人民币与 2005 年版的差异（安全线变更）

图 1-9　2015 年版 100 元人民币鉴别（横竖双号码）

（3）水印（实用指数☆☆☆）

2015 年版 100 元人民币的纸币固定水印位于票面正面左侧的空白处，迎光透视，可以看到立体感很强的水印（见图 1-10）。一般假币的水印都是用无色油墨印刷在表面，边缘清晰。

（4）"100"胶印对印图案（实用指数☆☆☆☆）

2015 年版 100 元人民币左下角的图案迎光透视，正反面两幅图案准确完整对

图 1-10　　2015 年版 100 元人民币鉴别（看水印）

接，组成一个完整的数字"100"（见图 1-11）。假币的图案要么根本对不齐，要么对接处有明显的空白，很少能做到真币的准确完整对接。

图 1-11　　2015 年版 100 元人民币鉴别（"100"胶印对印图案）

（5）光彩光变数字（实用指数☆☆☆☆）

2015 年版 100 元人民币的光彩光变数字位于票面正面中部，垂直票面观察，数字以金色为主；平视观察，数字以绿色为主，随着观察角度的改变，数字颜色在金色和绿色之间交替变化，并可见到一条亮光带上下滚动（见图 1-12）。

图 1-12　　2015 年版 100 元人民币鉴别（光彩光变数字）

（6）光变镂空开窗安全线（实用指数☆☆☆☆☆）

2015 年版 100 元人民币的光变镂空开窗安全线位于票面正面右侧，垂直票面观察，安全线呈品红色；与票面呈一定角度观察，安全线呈绿色；透光观察，可见安全线中正反交替排列的镂空文字"￥100"（见图 1-13）。

图 1-13 2015 年版 100 元人民币鉴别（光变镂空开窗安全线）

2. 摸

（1）摸纸币的凹凸感（实用指数☆☆☆）

2015 年版 100 元人民币票面正面国徽、"中国人民银行"行名、毛泽东头像、右上角面额数字、右下角盲文及背面人民大会堂等均采用雕刻凹印印刷，用指尖触摸有明显凹凸感（见图 1-14）。

正面

背面

图 1-14 2015 年版 100 元人民币鉴别（摸纸币的凹凸感）

（2）摸纸币的纸质

摸纸币的纸质厚薄是否适中、质地是否密实。

实务中，出纳鉴别 2015 年版 100 元人民币最常用的方法是"看"与"摸"（见图 1-15）。"看"主要包括六点，其中最主要的是看光变数字和看安全线；"摸"主要包括两点，其中最常用的就是摸纸币的凹凸感。

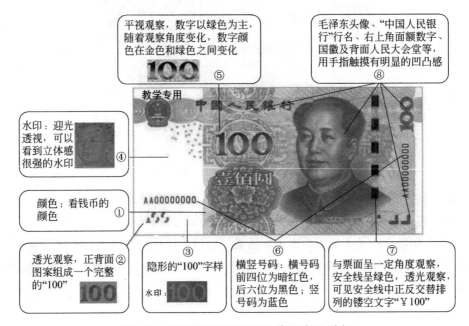

图 1-15   2015 年版 100 元人民币鉴别（识别点）

3. 听

听就是听抖动钞票时的声响。真币在抖动、轻弹时能听到清脆的响声，而假币要么声音太裂，要么太钝。

4. 测

测即通过一些简单工具来检测，比如用紫外线灯光来测验钞票纸张的荧光反应，用放大镜来看安全线上的缩微文字，用磁性检测仪来检测安全线的磁性等。

（三）2005 年版 100 元人民币验钞

1. 看

（1）颜色（实用指数☆）

看钞票的纸张颜色是否鲜艳、适当，假币颜色要么过于鲜艳，要么过于黯淡。

（2）荧光油墨（实用指数☆☆）

第五套（含 1999 年版和 2005 年版）人民币 100 元、50 元纸币左下方的面额数字采用荧光油墨印刷。将垂直观察的票面倾斜到合适角度时，100 元的数字会由绿色变为蓝色(见图 1-16),50 元的数字会由金色变为绿色。不过,由于荧光技术已经平民化,要仿造并不难,因此光看荧光油墨还不足以判断真伪。

图 1-16 2005 年版 100 元人民币鉴别(看荧光油墨)

(3) 水印(实用指数☆☆☆)

第五套人民币的纸币固定水印位于票面正面左侧的空白处,迎光透视,可以看到立体感很强的水印(见图 1-17)。10 元、20 元、5 元纸币的固定水印为花卉,50 元、100 元的水印为毛主席头像图案,且与钞票右边头像相同。另外,100 元、50 元、20 元、10 元、5 元纸币在钞票编号的右下方都有币值的水印,如 100 元纸币显示水印为"100"。一般假币的水印都是用无色油墨印刷在表面,边缘清晰。

图 1-17 2005 年版 100 元人民币鉴别(看水印)

(4) 缩微文字(实用指数☆☆☆)

第五套人民币 100 元、50 元的钞票,正面左上方的国徽右边隐约可见 100、50 隐于图案中,并由细小的 RMB 和 RMB100、RMB 和 RMB50 的数字组成(见图 1-18)。

(5)"铜钱"图案(实用指数☆☆☆☆)

第五套人民币的阴阳互补正反面对应图案应用于 100 元、50 元、20 元和 10 元的纸币中。这四种币值的纸币在正面左下方与背面的右下方(2005 年版 100 元的在大写的壹佰圆左上方,见图 1-19)都印有一个像电话形状的图案,迎光透视,两幅图案

图 1-18　2005 年版 100 元人民币鉴别(看缩微文字)

准确完整对接,组成一个完整的古铜钱图案。假币的图案要么根本对不齐,要么对接处有明显的空白,很少能做到真币的准确完整对接。

图 1-19　2005 年版 100 元人民币鉴别(看"铜钱"图案)

(6) 暗印(实用指数☆☆☆☆☆)

第五套人民币正面的右上角,币值数字下方的图案里,对着光照在接近平看时,可以看到相应币值的模印(见图 1-20)。很多假币在视线未接近水平时就能清楚地看到暗印。

图 1-20　2005 年版 100 元人民币鉴别(看暗印)

（7）安全线（实用指数☆☆☆☆☆）

1999 年版钞票安全线较细，在钞票正面中间偏左，迎光透视，100 元、50 元的可以看到安全线上印有缩微文字"RMB100""RMB50"且完全埋于钞票中；2005 年版钞票的安全线较粗，钞票背面可看到 100 元、50 元钞票的安全线，部分埋于纸张中，部分裸露在纸面上，其上印有缩微文字￥100、￥50 的银灰色全息图案（见图 1-21）。20 元、10 元、5 元的钞票，安全线裸露部分是在钞票正面。

图 1-21　2005 年版 100 元人民币鉴别（看安全线）

这种缩微文字的处理（尤其是对 100 元、50 元这两种币值纸币），几乎可以认为是人民币伪造者的一个死穴，因此看安全线是出纳鉴别真假币最有效的方法。

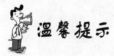温馨提示

看安全线是出纳工作最常用的方法，安全度较高，特别是 50 元和 100 元的人民币，上面的安全线渐进渐出，均匀有致，并且刻有金额的缩微文字。

2. 摸

（1）摸纸币的凹凸感（实用指数☆☆☆）

摸纸币的人像、盲文点、"中国人民银行"行名等处是否有凹凸感（见图 1-22）。2005 年版第五套人民币纸币票面的人物头像、阿拉伯数字、大写面额数字及团花部

分，采用手工雕刻工艺，形象逼真、传神，凹凸感强，易于识别。

图 1-22　2005 年版 100 元人民币鉴别（摸凹凸图案）

（2）摸纸币的纸质

摸纸币的纸质厚薄是否适中、质地是否密实。

实务中，出纳鉴别 2005 年版 100 元人民币最常用的方法是"看"与"摸"（见图 1-23）。"看"主要包括七点，其中最主要的是看暗印和看安全线；"摸"主要包括两点，其中最常用的就是摸纸币的凹凸感。

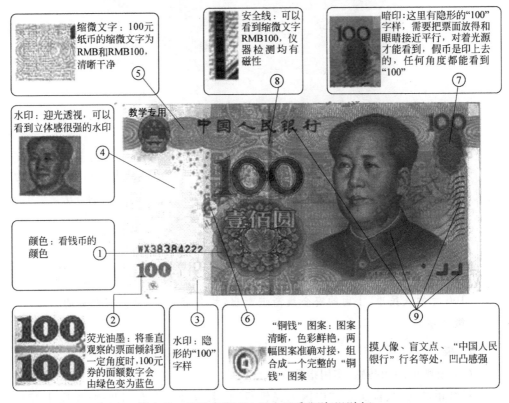

图 1-23　2005 年版 100 元人民币鉴别（识别点）

3. 听

与 2015 年版 100 元人民币的鉴别方式相同,此处不赘述。

4. 测

与 2015 年版 100 元人民币的鉴别方式相同,此处不赘述。

二、点钞

情景案例

　　出纳钱多多第一天上班因为点钞不迅速、不熟练,被客户投诉服务态度不好;第二天,钱多多因点钞失误,多付款 100 元,公司决定由其全额赔偿损失;第三天,钱多多收到两张 100 元假币,但在点钞过程中没有及时发现,公司决定由其自行承担收到假币的责任……

　　点钞是出纳必备的技能,必须做到准而快。"准"就是钞券清点不错不乱,准确无误,包括金额正确并迅速识别假币;"快"是指在"准"的前提下,加快点钞速度,提高工作效率。

　　实务中,点钞工作主要分成两步:第一,手工点钞,换币面正反点两遍,保证金额无误且都为真币;第二,点钞机点钞。公司应尽量购买一台点钞机,以便出纳在手工点钞后再用点钞机点一遍,保证金额无误。

温馨提示

　　新手点钞时,出错在所难免,关键是要多练习,开始以"准"为主,不急不躁,逐渐就能达到又快又准!

(一)手工点钞

　　实务中用得最多的点钞方法是单指单张点钞法。该方法使用频率较高,适用于收款、付款和整理、清点各种新旧大小钞票,同时由于持票面小,能看到票面的四分之三,容易发现假钞票及残破票。

　　手工点钞的具体操作方法如下。

1. 持票

　　左手横执钞票,票面朝向身体,左手拇指在钞票正面左端约四分之一处,食指与中指在钞票背面与拇指同时捏住钞票,无名指与小指自然弯曲并伸向票前左下方,与中指夹紧钞票,食指伸直,拇指向上移动,按住钞票侧面,将钞票压成瓦形,左手将钞票从桌面上擦过,拇指顺势将钞票向上翻成微开的扇形,同时,右手拇指、食指做点钞准备。

温馨提示

　　清点前,要将票面打成扇形,使钞券有一个坡度,便于捻动。开扇均匀是指每张钞券的间隔距离必须一致,使之在捻钞过程中不易夹张。扇面开得是否均匀,决定着点钞是否准确。

2. 清点

左手持钞并形成瓦形后,右手食指托住钞票背面右上角,用拇指尖逐张向下捻动钞票右上角,捻动幅度要小,不要抬得过高。要轻捻,食指在钞票背面的右端配合拇指捻动,左手拇指按捏钞票不要过紧,要配合右手起自然助推的作用。右手的无名指将捻起的钞票向怀里弹,要注意轻点快弹。

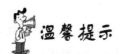

温馨提示

　　随着清点出的纸币增加,左手中指和无名指夹纸币的力量要增加,以防纸币脱落。

3. 记数

记数与清点同时进行。在点数速度快的情况下,往往由于记数迟缓而影响点钞效率,因此记数应该采用分组记数法,把 10 作 1 记,即 1、2、3、4、5、6、7、8、9、10(10),2、2、3、4、5、6、7、8、9、10(20),以此类推,数到 10、2、3、4、5、6、7、8、9、10(即 100)。采用这种记数法记数既简单又快捷,省力又好记。但记数时要默记,不要念出声,做到脑、眼、手密切配合,既准又快。

点钞至少应点到两遍金额相等。每叠点完应在草稿纸上记数,待所有钞票点完后,将草稿上的数字记录汇总,得出钞票的总金额。

(二)点钞机点钞

情景案例

　　经过领导多次提醒和帮助,出纳钱多多的点钞技术越来越熟练,但是公司业务大多是以零售为主,收银员每天都要送来很多现金,光靠钱多多熟练的点钞技术是远远不够的,而且无法百分百保证手工点钞的正确性,于是老板想到了购买点钞机。

　　手工点钞后,出纳一般还要将钞券放在点钞机上再次点钞,以保证金额无误、无假币。

　　点钞机是一种自动清点钞票数目的机电一体化装置,带有伪钞识别功能。由于现金流通规模庞大,出纳的现金处理工作繁重,点钞机已成为企业不可缺少的设备。

　　利用点钞机点钞的具体操作方法如下。

1. 整理钞券

　　用点钞机点钞前需将钞券整理平整,若纸币褶皱较多或缺角严重,会导致点钞机自动卡币,无法准确点钞,所以点钞前必须先整理钞券。对于没有混点功能的点钞机,还需将钞券进行分类,同一币值的分为一叠,分类进行点钞。

2. 开启点钞机电源并放入钞券

　　整理好钞券后,打开点钞机电源,将整理平整的钞券放入点钞机的验钞口即可,机器会自动开始计数验钞。机器的数显屏会显示已验过的纸币张数。

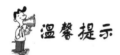

　　　钞券需竖直放入点钞机,不要倾斜,否则点钞机易卡币。

3. 反面再次点钞一遍

　　将第一遍点钞机点好的钞券换面放入点钞机再验一遍,以保证正确无误。

　　点钞机的使用虽然比较简单,但在出纳工作中起到了很大的作用,所以出纳不仅要会使用点钞机,还要学会点钞机的日常保养。保养点钞机最重要的一点就是除尘,需几天除尘一次,以保证点钞机计数准确性。

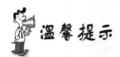

　　　现在市面上点钞机的类型很多,功能也比较多样化,公司依据自己
　的实际情况购买后,请出纳根据点钞机的说明书进行规范的操作。

三、残币处理

情景案例

　　　出纳钱多多收到收银员交来的零售款,清点时,发现里面有一张残损的纸币,但没择出,就直接收下了。钱多多去银行存现时,银行柜员拒收这张残损的纸币,要特殊处理,钱多多只好自己掏腰包补齐款项了。

出纳在日常的收款中可能会碰到因票面残缺、污损、油浸、变色等破坏后的纸币，这些我们称为残币。出纳应该按照银行对残币的兑换标准准确处理残币。

下面介绍残币的兑换标准。

（一）属于下列情况之一的残币可兑换全额

（1）票面残缺不超过 1/4，其余部分的图案、文字能照原样连接。

（2）票面污损、熏焦、水湿、油浸、变色，但能辨别真假，票面完整或残缺不超过 1/4，票面其余部分的图案、文字能照原样连接。

（二）属于下列情况可兑换半额

票面残缺 1/4 至 1/2，其余部分的图案文字能照原样连接者，可按原面值的半数兑换，但残币不得流通使用。

（三）属于下列情况之一者不予兑换

（1）票面残缺 1/2 以上。

（2）票面污损、熏焦、水湿、油浸、变色，不能辨别真假。

（3）故意挖补、涂改、剪贴、拼凑、揭去一面。

上述残币兑换标准见图 1-24。凡能兑换全额和半额人民币的残币，可于各个银行兑换。

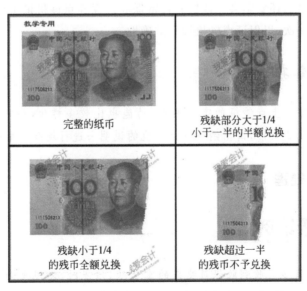

图 1-24   残币兑换标准

对于出纳而言，原则上凡不能兑换的残币一律不收，凡能全额兑换的可在收后进行兑换，可兑换半额的残币也尽量不收。

 **法律法规**

中国人民银行残缺、污损人民币兑换办法

……

第三条 凡办理人民币存取款业务的金融机构（以下简称金融机构）应无偿为公众兑换残缺、污损人民币，不得拒绝兑换。

第四条 残缺、污损人民币兑换分"全额""半额"两种情况。

（一）能辨别面额，票面剩余四分之三（含四分之三）以上，其图案、文字能按原样连接的残缺、污损的人民币，金融机构应向持有人按原面额全额兑换。

（二）能辨别面额，票面剩余二分之一（含二分之一）至四分之三以下，其图案、文字能按原样连接的残缺、污损人民币，金融机构应向持有人按原面额的一半兑换。

纸币呈正十字形缺少四分之一的，按原面额的一半兑换。

……

业务 2　使用保险柜

正如个人在日常生活中使用钱包来放置现金、银行卡一样，企业一般也都会配备保险柜，专门用于存放现金、银行票据、各种有价证券、其他票据及印章等。

情景案例

　　出纳钱多多上岗后跟同事的关系非常融洽。某日，销售部小李来报销差旅费，钱多多在打开保险柜取钱时，心想都这么熟了，就没有遮住密码，第二天过来发现保险柜的现金全都丢失了。还好公司在财务室安装有摄像头，财务经理调出来一看，原来是小李昨天晚上作的案。经查实，小李前段时间和钱多多出去玩时已经趁机复制了一把保险柜的钥匙，昨天又看到了密码，所以才能够偷走现金。

实务中，出纳必须提高安全意识，谨慎、细致地管理好保险柜。

一、保险柜的管理

实务中，出纳要经常从保险柜中存取现金、印鉴、空白凭证等物品。因此，可以将保险柜的管理大致归纳为保险柜的开启和保险柜的物品存放。

（一）保险柜的开启

情景案例

　　我是公司新来的出纳钱多多，保险柜的钥匙除了我有，老板也有，以前的出纳走了，现在换了我，老板是否不应该有保险柜的钥匙呢？现在的保险柜密码是以前出纳移交的密码，这样是不是很危险呢？

保险柜的开启一般需要同时使用钥匙和密码。现在市面上的保险柜大都配有密码锁和机械锁（钥匙打开）。

1. 保险柜钥匙

一个保险柜一般配有两把钥匙，一把由出纳保管，用于日常工作中开、锁保险柜；另一把交由财务经理保管，以备出纳钥匙丢失等特殊情况下开启使用。除了交上级保管备用外，出纳不能随便将保险柜钥匙交由他人代为保管。

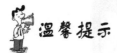

若出纳丢失保险柜钥匙，需向财务经理申请打开，同时马上换锁，保证保险柜内财物的安全。

2. 保险柜密码

出纳应对自己保管使用的保险柜密码严格保密，不得向他人泄露。出纳调动岗位后，新出纳应及时更换密码。

出纳在开启密码锁时，如有外人在场，需用一只手遮挡输入的密码；开启保险柜取放物品后要及时上锁，出纳不得在保险柜上锁前远离保险柜或者做其他工作。

在使用保险柜时，出纳一定不要将钥匙倒锁在保险柜里，新出纳经常犯这种错误。而且，密码一定要熟记于心，不得随意告诉他人。

保险柜只能由出纳开启使用，其他人员不得开启保险柜。如果单位主管和财务经理需要对出纳工作进行检查，如检查库存现金限额、核对实际库存现金数额等，应由出纳开启保险柜清盘，财务经理或其指定人员在旁监盘。特殊情况下，如出纳出现意外不能来上班，公司又急需开启保险柜使用的，应按规定的程序由财务经理开启，并做好相应的备案工作。

（二）保险柜内的物品存放

出纳应将其使用的空白支票（包括现金支票和转账支票）、印章等放入保险柜内。保险柜内存放的现金、其他有价证券、存折、票据等应按种类登记，所有财物应与账簿记录核对相符。

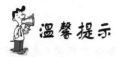

保险柜主要存放现金、有价证券、票据及其他相关的重要资料，出纳的个人用品不得放入保险柜。

保险柜内的物品摆放(见图1-25),一般把票据和单证放在最上层,现金放在最下层,现金要分币别整齐放好,如果同一币别的现金较多,最好按一定的数量(如100张)一叠捆扎好再摆放。硬币可用一个小铁罐来装。

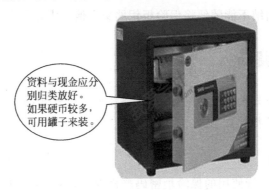

资料与现金应分别归类放好。如果硬币较多,可用罐子来装。

图 1-25   保险柜内的物品摆放

二、提高安全意识

情景案例

一旦保险柜被盗,作为出纳该怎么办? 单位有保安,财务室有防盗网,保险柜里有几万元现金,被盗后出纳应该负什么责任?

单纯的保险柜被盗,无法判断是出纳的责任或是其他人的责任。但出纳在日常工作中,应具有强烈的风险意识。贵重的现金和银行票据、印鉴等即使都放在保险柜,也不是百分之百保险,出纳应做好事先防范和事后保护。

1. 日常的防范管理

公司需在财务室安装防盗网,保证保险柜的安全;保险柜应放置在隐蔽、干燥之处,将保险柜放置在角落且紧靠墙壁固定住;一旦保险柜发生故障,应到指定的维修点进行修理,以防泄密或失盗。

2. 开启摄像系统

下班后,出纳应检查摄像系统是否处于开启状态。

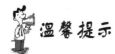温馨提示

出纳若发现保险柜被盗,应保护好现场,迅速报告公安机关(或保卫部门),待公安机关(或保卫部门)勘查完,才能清理被盗现场。

业务3 填写票据

情景案例

出纳钱多多早上准备去办理转账,她把转账支票的各项内容都填好了,让财务经理盖章,却被指出日期大写有误。下午,钱多多回来报销交通费,填好报销单拿去找财务经理签字时,又被发现金额大写错误,业务如此生疏,让财务经理十分生气。

出纳在日常工作中经常要填写票据,一名合格的出纳必须熟练掌握金额与日期的规范化书写。

一、金额的规范化书写

(一)金额数字

1. 小写数字

小写数字有:0、1、2、3、4、5、6、7、8、9。

2. 中文大写数字

中文大写金额数字应用正楷或行书填写,大写金额数字及单位的正确书写有:零、壹、贰、叁、肆、伍、陆、柒、捌、玖、拾、佰、仟、万、亿、元、角、分、整(正)等。不得自造简化字,不得使用一、二(两)、三、四、五、六、七、八、九、十、廿、毛、另(或〇)填写。

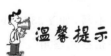

温馨提示

填写大写金额数字时,使用繁体字,如贰、陆、億、萬、圆,也是正确的。

(二)金额书写规范

1. 小写规范

阿拉伯数字金额前,均应填写人民币符号"¥",阿拉伯数字不得连写。如图 1-26 所示,银行受理了第(2)张支票,却拒绝受理第(1)张支票,原因是第(1)张支票中的金额数字连写,无法准确辨认。

(1)

(2)

图1-26 小写规范

2. 大写规范

(1)"人民币"字样。中文大写金额前应标有"人民币"字样。大写金额应紧接"人民币"填写,不得留有空白。未印有"人民币"的,应加填"人民币"。

(2)"整"字的用法。中文大写金额到"元"及以上的,必须在"元"之后写"整"或"正",如￥2333.00应写为"人民币贰仟叁佰叁拾叁元整"。

大写金额到"角"的,可在"角"之后写"整"或"正",也可不写,如￥2333.30可写为"人民币贰仟叁佰叁拾叁元叁角整"或"人民币贰仟叁佰叁拾叁元叁角"。

大写金额到"分"的,"分"后面不写"整",如￥2333.33应写成"人民币贰仟叁佰叁拾叁元叁角叁分"。

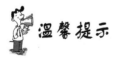温馨提示

出纳也可以使用"正"代替"整"字。

（3）"0"的书写规范。

情景案例

　　出纳钱多多知道在金额大写规范中，中间有"0"的情况是最难记的。刚好当天要填写两张转账支票和一份银行承兑汇票，金额分别为150090.02元、109021.00元、8010.30元。如果你是钱多多，这三张票据上的大写金额应如何正确书写？

　　金额数字中间有"0"时，中文大写应按照汉语语言规律、金额数字构成和防止涂改的要求进行书写。具体包括：

① 金额数字中间有一个"0"时，中文大写金额要写"零"字。

　　如￥1409.00，在结算业务申请书上应写成"壹仟肆佰零玖元整"（见图1-27）。

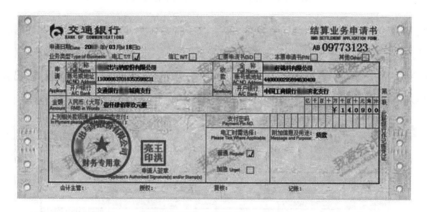

图1-27　一个"0"的书写规范

② 金额数字中间连续有几个"0"时，中文大写金额中间只写一个"零"字。

　　如￥6007.14，在进账单上应写成"陆仟零柒元壹角肆分"（见图1-28）。

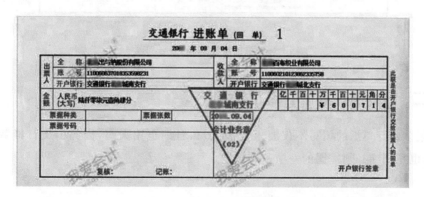

图1-28　连续几个"0"的书写规范

③ 金额数字万位或个位为"0"，但千位或角位不为"0"时，中文大写金额可以只写一个"零"字，也可以不写。

如￥107000.00，在转账支票上可以写成"壹拾万柒仟元整"或"壹拾万零柒仟元整"（见图1-29）。

图1-29　万位或个位为"0"的书写规范

④ 金额数字角位是"0"，而分位不是"0"时，中文大写金额"元"后面必须写"零"字。

如￥16409.02，在结算业务申请书上应写成"壹万陆仟肆佰零玖元零贰分"（见图1-30）。

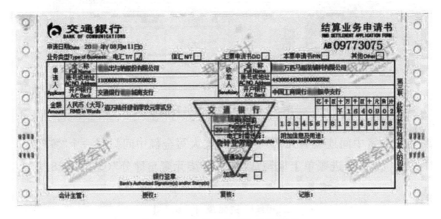

图1-30　角位为"0"的书写规范

二、日期的规范化书写

很多银行单据的填写不仅要求金额大写，日期也用大写，因此中文日期数字的大写，也是出纳必须掌握的一项基础技能。

 **法律法规**

支付结算管理办法

票据的出票日期必须使用中文大写。票据的出票日期使用小写填写的，银行不予受理。大写日期未按要求规范填写的，银行可予受理，但由此造成损失的，由出票人自行承担。

1. 年的书写

年份直接根据中文日期数字填写，如 2017 年应写成"贰零壹柒年"。

2. 月的书写

月份为 3 至 9 月的，根据中文日期数字填写，如 3 月可写成"叁月"或"零叁月"；月份为 1、2、10 的，必须在大写前加"零"，如 10 月应写成"零壹拾月"；月份为 11、12 的，必须在大写前面加"壹"，如 11 月应写成"壹拾壹月"。

3. 日的书写

日为 1～9 和 10、20、30 的，必须在前面加"零"，如 8 日应写成"零捌日"；日为 11～19 的，必须在前面加"壹"，如 11 日应写成"壹拾壹日"。

为了便于记忆，金额与日期的书写规范可以总结成一首诗。

出纳员，不容易，金额大写要小心；

数字应用规范字，偶用繁体也可行。

人民币后不留空，整随元角不随分；

阿拉伯，请注意，￥角数字不连续。

零居中间须写零，零若连续只记一；

个万位，零或写，元后分前零要记。

日期大写不难记，壹贰拾月加个零；

个十廿卅排零尾，金额日期到此清。

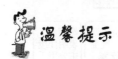 **温馨提示**

不论是金额大小写还是日期大小写，字迹均需清晰，不得连写。如果书写位置有方框，书写的金额及日期要位于最高线以下的 1/3～1/2 处，不得超过方框；如果是小写数字，数字应向右倾斜 60 度左右，不得简写、缩写。

业务 4　使用印鉴

情景案例

　　出纳钱多多最近经常被财务经理批评，原因是公司人员过来报销后，钱多多经常忘记在报销单上盖"现金付讫"章，工作不够规范；电汇单上盖章不规范，导致款项无法转出。通过这些事，钱多多意识到了印鉴的重要性。

　　印鉴是指企业日常工作中使用的单位和个人的各种签章。印鉴在出纳的日常工作中经常使用，如公司的公章、财务专用章、现金收讫章、现金付讫章等。出纳应该学会正确使用印鉴，并要熟知印鉴的保管人员。

一、印鉴的类型

（一）常见的印鉴

　　出纳工作中较常见的印鉴有：公章、财务专用章、发票专用章、合同专用章、法人章、现金收讫章、现金付讫章、作废章等（见图1-31）。

图 1-31　印鉴的类型

由于每个印鉴的作用不同,因此每个公司对印鉴的管理都有相应的制度。一般来说,各个印鉴要放在相应的保管人处:公章一般放在总经理或总经理授权的人员处;法人章一般放在法人或法人授权的人员处;财务专用章一般放在财务经理或财务经理指定的人员处;发票专用章一般由销售会计管理,也有一些小企业会交给出纳管理;现金收讫章、现金付讫章由出纳自行保管。为了方便日常工作,出纳应清楚相关印鉴由谁保管。

（二）银行预留印鉴

在企业众多的印鉴中,银行预留印鉴是办理各种银行业务时不可或缺的一种,是出纳应重点掌握的。

情景案例

　　出纳钱多多所在公司在银行预留印鉴是财务专用章和法人章,财务专用章由财务经理保管,法人章由总经理保管。这天,钱多多要去银行提取现金。财务经理刚好有事外出,钱多多填完支票,找总经理审核盖章后,心想:我跟银行柜员很熟,少盖一个章应该也没事。结果,因为支票上的印章与企业在银行预留印鉴不符,银行不予受理。钱多多只能回企业等财务经理回来再补盖印鉴。

银行预留印鉴是企业在银行开设账户时在银行预留的印鉴,作为企业在银行办理各种银行业务的身份证明。很多银行在办理业务时"认章不认人",因此银行预留印鉴对企业来说非常重要。"财务专用章＋法人章"或"公章＋法人章"常配套作为企业在银行的预留印鉴。公司的银行预留印鉴应该由专门人员分别保管。

法律法规

预留印鉴管理办法

　　存款人为单位的,其银行预留印鉴为该单位的公章或财务专用章加其法定代表人(单位负责人)或其授权的代理人的签名或者盖章。存款人为个人的,其预留签章为该个人的签名或盖章。

二、印鉴的刻制

如前所述,企业印鉴在很多时候代表着企业,因此其刻制也有一定的强制规定。一般来说,公章、财务专用章、发票专用章须由公安局等政府部门指定的刻章单位刻制,而现金收讫章、现金付讫章等内部用的印章一般由企业自行刻制。

三、盖章的方法

情景案例

出纳钱多多要去银行取现,为了赶在下班前到达银行,钱多多填好现金支票后催促财务经理和总经理盖章,到银行后银行柜员表示印章过于模糊,印章不能和公司预留印鉴的90％以上相符,所以不予受理,钱多多无奈而返。

《预留印鉴管理暂行办法》规定,银行票据上盖的预留印鉴必须清晰、易辨别审核,否则银行不予以受理。因此,出纳应掌握正确的用印方法。

（1）将印章均匀蘸色,然后在其他纸面试盖印章,看印鉴是否清晰。

（2）在票据提示盖章的位置盖章。

（3）使用印鉴后收存印鉴。若要将印鉴带离公司,需办理报批和登记手续。

盖章时,可以用些小技巧以保证印章的清晰。

（1）印章接触纸面后紧按住印章,防止错位移动。

（2）用印后迅速离开纸面,防止留有模糊印记及重影。

（3）加盖印章的票据不要立刻覆盖其他物品。

第二篇

现金业务

能力目标

- 熟练使用现金支票；
- 熟练掌握现金收款业务的办理；
- 熟练掌握存现业务的办理；
- 熟练掌握报销业务的办理；
- 熟练掌握借款、还款业务的办理；
- 根据当天业务登记现金日记账。

现金业务是出纳工作的重点内容,出纳要对现金的收、付、存等各环节进行管理。出纳日常工作中的现金收款、报销业务等都属于现金业务(见图 2-1)。

图 2-1　现金收款与报销业务

 **业务要点**

现金业务按现金流动方向可分为现金收入和现金支出,出纳处理完当天的业务后还应该进行现金日清。现金的收入和支出好比是水库的蓄水和放水(见图 2-2)。

图 2-2　现金流动

1. 现金收入

取现业务和现金收款业务会导致企业现金的增加,属于现金收入。

2．现金支出

存现业务、报销业务、员工借款会导致企业现金减少，属于现金支出。

3．现金日清

登记库存现金日记账、日常盘点、移交原始单据，属于现金日清。

本篇的业务要点和知识要点见表 2-1。

表 2-1　业务要点和知识要点

能力要点	业务要点	知 识 要 点
现金业务	现金收入	取现业务
		现金收款业务
	现金支出	存现业务
		报销业务
		员工借款
	现金日清	登记库存现金日记账
		日常盘点
		移交原始单据

重点难点

本篇的重点难点见表 2-2。

表 2-2　重点难点

业务目标	重点难点	学 习 重 点	建议学时
取现业务	重点、难点	取现流程、填写现金支票、盖章、生成密码	2 课时
现金收款业务		收款流程、开具收据	2 课时
存现业务		存现流程、填写现金解款书	1 课时
报销业务	重点	审核报销单	1 课时
员工借款		审核借款单	1 课时
现金日清		登记现金日记账、移交原始凭证	1 课时
合　　计			8 课时

业务 5　取现业务

　　个人要取款时,直接用银行卡到银行或 ATM 机取款就可以了。如果公司要取款,是否也可以像个人一样用银行卡操作呢? 答案是否定的。若是可以的话,银行卡跟密码都由出纳一人掌管,那企业的资金安全就完全没有保障了。因此,一般情况下,企业需要取款,不会用到银行卡,而应该使用现金支票。

　　现金支票是专门制作的用于支取现金的一种票据。现金支票有正反两面,正面(见图 2-3)又分为左右两部分,左部分为存根联,右部分为正联(也称支票联);背面(见图 2-4)也有两栏,左栏是附加信息,右栏是收款人签章。

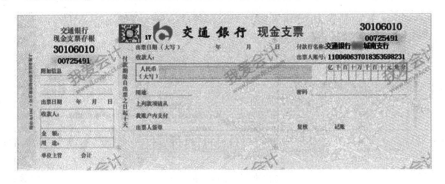

图 2-3　现金支票正面

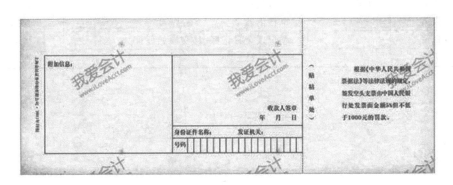

图 2-4　现金支票背面

　　企业在日常经营活动过程中经常需要提取现金,但是取现的用途有很多种,如备用金、差旅费、发放工资、个人劳务报酬等。因而,取现业务是出纳日常业务中非常重要的一项,也是出纳必须熟练掌握的重要业务之一。

一、现金支票的填写

实务中,现金支票的填写是由出纳来完成的,填写现金支票时要严格按照书写规范进行。

现金支票应按规范填写,填写时应使用黑色或蓝黑色碳素笔,字迹要清晰工整,且不得涂改(见图 2-5 和图 2-6)。

图 2-5 填写现金支票正面

图 2-6 填写现金支票背面

(一)正联填写规范

1. 出票日期的填写

正联上所填日期,必须按大写日期书写规范填写。

2. 收款人的填写

正联收款人必须为全称,否则银行不予办理。

3. 金额的填写

正联开票金额要有大写金额和小写金额,大、小写金额必须严格按照金额书写规范进行填写,且字迹要清晰,金额要一致(阿拉伯数字前面还要加上羊角"￥"符号)。

4. 用途栏的填写

用途栏一般填写备用金、差旅费、劳务费、工资等。

5. 背面日期的填写

背面可按小写日期格式填写取现当天的日期。

温馨提示

现金支票正联的背面日期,在实务中是可填可不填的;不填,银行也会办理。

(二) 存根联填写规范

存根联作为内部做账依据,其填写要求没有像正联那么严格,但填写的信息必须与正联一致。存根联日期栏填写小写日期;收款人可用简称;金额栏直接填写小写金额并在前面加¥;用途栏填写与正联一致。

二、取现的流程

根据现金支票的使用规定及企业的具体情况,将取现的流程归纳为以下六步(见图 2-7)。

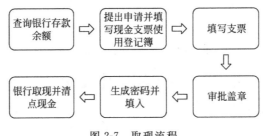

图 2-7　取现流程

(一) 查询银行存款余额

情景案例

出纳钱多多第一天上班,问财务经理出纳和会计谁去银行取现,被训了一通;接着财务经理问钱多多,取现的第一步要做什么,钱多多回答道填写支票,又被训了。财务经理告诉钱多多,取现是出纳必备技能,而开具现金支票前一定要先确保账户余额大于支票的金额,以免受到银行的惩罚。

出纳发现库存现金余额不足或其他原因需要提取现金时，应先查询企业基本账户的存款余额（可以致电开户行或登录企业网上银行进行查询），确保银行存款余额大于要取现的金额，以防开具空头支票，给公司造成不必要的损失。

企业开出的现金支票票面金额大于其银行存款余额的，称为"空头支票"，不仅取不到钱，还将被罚款。

 **法律法规**

中国人民银行票据管理实施办法

签发空头支票或者签发与其预留印鉴不符的支票，不以骗取财物为目的的，由中国人民银行处以票面金额5%但不低于1000元的罚款。持票人有权要求出票人赔偿支票金额2%的赔偿金。

（二）提出申请并填写现金支票使用登记簿

出纳使用现金支票取现前需要告知财务经理或者相关领导，同时要登记好现金支票的使用情况，如现金支票的号码、使用时间、支取金额等。

若出纳发现保险柜的现金余额不足时，要向部门经理申请开具现金支票，并及时登记现金支票使用簿（见图 2-8），记录的主要事项包括日期、支票号码、用途、金额、领用人、备注等，以保证现金支票信息及时记录和跟踪。

现金支票使用登记簿

日期	购入支票号码	使用支票号码	领用人	金额	用途	备注
20 年10月11日		28002942	吴春香	￥8000.00	备用金	
20 年10月12日		28002943	吴春香	￥10000.00	备用金	
20 年10月13日		28002944	吴春香	￥12000.00	备用金	

图 2-8　现金支票使用登记簿

（三）填写支票

现金支票的填写要求非常严格，要注意日期、金额的书写规范，以及大小写金额的一致性，用途要写清楚，并且字迹要清楚（见图 2-9）。

（四）审批盖章

现金支票填好后，必须在支票上（正反两面）盖上企业在银行的预留印鉴。

预留印鉴可以是财务专用章和法人章，或者是公章和法人章，但两个章缺一不

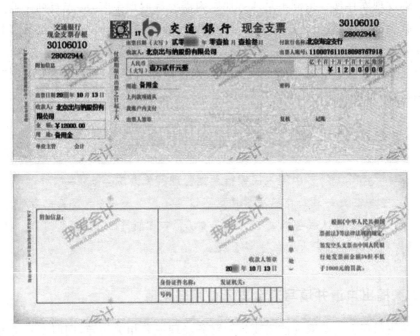

图 2-9　现金支票的填写规范

可，盖章必须使用跟预留印鉴颜色一样的印泥，印章必须清晰（见图 2-10）。很多银行规定印章模糊只能将本张支票作废，实际操作中可咨询一下银行柜员这方面的规定。

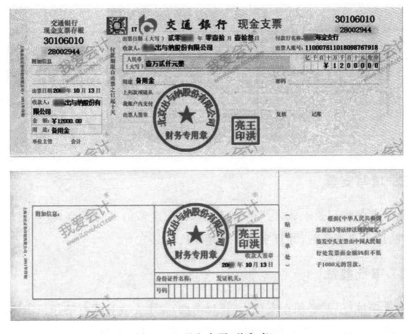

图 2-10　现金支票（盖印章）

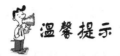温馨提示

盖章时，可以先在其他纸上试盖，以保证支票上的印鉴清晰。

（五）生成密码并填入

情景案例

出纳钱多多第一次使用现金支票取现时，将盖好银行预留印鉴和填好支付密码的现金支票遗失，结果现金支票上的款项被他人领走了，钱多多因此赔偿了公司该损失。

银行在受理现金支票取现业务时，是根据银行预留印鉴及支付密码来判断是否将款项交由持票人。因此，出纳在办理取现业务时，最好将生成的支付密码记录在其他地方，等到了银行柜台再填入密码，这样就可以防止不必要的损失了。

支付密码是银行为进一步加强票据风险控制而设置的最后一道防线，只有在支票上填写的密码与银行的数据一样，银行才会付款。获取支付密码需要用到支付密码器。支付密码器由企事业单位等存款人向其开户银行购买，按银行要求签订使用协议，然后按密码器的使用说明加载账号后方可使用。

一般在购买支付密码器时，都有配套的使用说明书。出纳按照说明书要求一步步进行操作，就可以学会支付密码器的使用方法。下面，我们通过具体实例来介绍支付密码器的使用过程。

第一步：打开支付密码器，进入操作界面，支付密码器会提示你选择操作人员，出纳办理业务时应该选择签发人（见图 2-11）。

第二步：输入操作人员的登录密码（见图 2-12）。

图 2-11　选择签发人　　　　图 2-12　输入登录密码

　　第三步：登录之后，选择相应的操作，办理业务时选择"签发凭证"，查询以前的操作选择"历史记录"，修改密码选择"修改口令"（见图2-13）。

　　第四步：进入签发凭证界面后，密码器会提示操作人选择签发人账号，即自己单位的账号，这时出纳需选择要进行结算的账号，页面显示不全时，可通过上翻（↑）和下翻（↓）键来进行查找相应的账号（见图2-14）。

图2-13　选择相应的操作

图2-14　选择签发人账号

　　第五步：选择好相应的账号后单击确定，这时操作界面会提示要进行操作的业务，如使用现金支票和转账支票选择"支票"，使用电汇选择"汇兑凭证"（见图2-15）。

　　第六步：选择好业务种类后，操作界面提示输入相应的凭证号码、日期和金额等信息，出纳按要求输入（见图2-16）并确认（见图2-17）后，操作界面便会生成支付密码（见图2-18）。

图2-15　选择要操作的业务

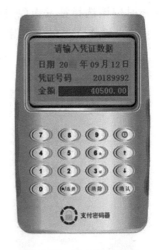

图2-16　输入凭证数据

图 2-17　确认相关数据

图 2-18　生成支付密码

温馨提示

现金支票上的 16 位号码中，前 8 位为银行代码，后 8 位为现金支票的流水号。使用支付密码器时，凭证号码应输入后 8 位流水号。

（六）银行取现并清点现金

情景案例

出纳钱多多携带现金支票到银行取现 2 万元用于支付员工现金工资，当场没有点清，回公司后发现有 1 张假币，于是找到银行工作人员，但银行工作人员称，如果确有其事，那是银行内部系统管理出了问题，但是所有银行都有规定，取款离柜后银行概不负责，所以银行不对这张假币负责。

前五步操作完成后，出纳应将存根联撕下留在企业，作为后期会计做账的依据，只需将正联带到银行即可。到达银行后，应将支付密码填入现金支票密码栏（见图 2-19 和图 2-20），再进行取现。

出纳收到现金时，应当场核对金额，至少点钞两遍，并对现金真伪进行检验，确认无误后妥善收存。取现返回公司过程中要小心谨慎，注意安全，若取现金额较大，可申请由同事陪同。

图 2-19　现金支票正面

图 2-20　现金支票背面

三、常见实务问题及处理

1. 问：现金支票是否可以开给个人？如何填写？

答：企业在支付给个人费用时，如果金额太高，可以直接开具现金支票给个人。这时，只需在支票的收款人处填写个人名字，正面盖上银行预留印鉴，背面不做任何处理（见图 2-21）。

2. 问：个人收到现金支票后应如何提现？

答：个人收到现金支票后，只需带上身份证在提示付款期内到银行取款，并在现金支票的背面填上个人的身份证件名称及号码（见图 2-22）。

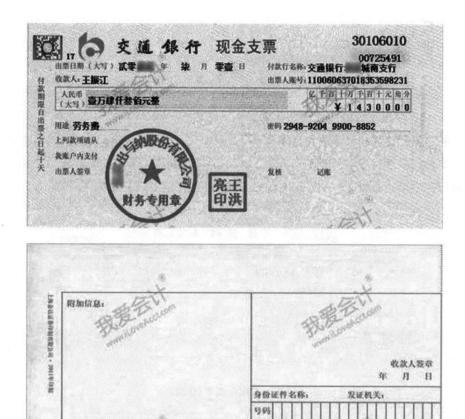

图 2-21 开给个人的现金支票

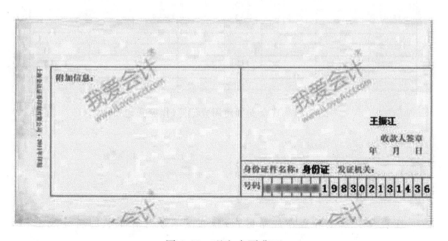

图 2-22 现金支票背面

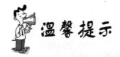温馨提示

不同银行办理进账的方式要求不同，具体请咨询当地银行。

3. **问**：现金支票填错后该如何处理？

答：现金支票若填写或盖章错误等，必须作废，然后重新申请开具，出纳应在现金支票的正联和存根联标记作废（见图 2-23）并妥善保管，同时在现金支票使用登记簿对应位置上进行记录（见图 2-24）。

图 2-23 现金支票（作废）

现金支票使用登记簿						
日期	购入支票号码	使用支票号码	领用人	金额	用途	备注
20 年01月20日		00725489	钱多多	20000.00	备用金	
20 年01月21日		00725490	钱多多	10000.00	备用金	
20 年01月23日		00725491	钱多多	32000.00	发放工资	作废

图 2-24 现金支票使用登记簿（作废登记）

温馨提示

在现金支票上加盖作废章时，应盖在支票联与存根联的骑缝线上。

4. **问**：现金支票的付款期限是多久？

出纳钱多多的一个朋友，收到老板开给他的一张现金支票，过了8天才想起有现金支票未曾兑现，于是去银行办理取现，银行柜员提示他："如果你再晚点来兑现，这张现金支票就作废了。"

答：支票的提示付款期限自出票日起10日内，超过提示付款期限，银行将不予受理，出纳需将支票作废，并重新申请开具。

法律法规

中华人民共和国票据法

第九十一条　支票的持票人应当自出票日起十日内提示付款。超过提示付款期限的，付款人可以不予付款；付款人不予付款的，出票人仍应当对持票人承担票据责任。

5. **问**：现金支票的起付金额有何限制？

答：现金支票的起付金额为100元，即出纳到银行提取现金，现金支票的票面金额不得低于100元。

6. **问**：某人拿着现金支票去银行取现，却被告知已超过当日取现金额，无法办理，这是为什么？

答：企业每日取现的金额一般不超过5万元，如果超过5万元（包括5万元）需要经过申请报批，通常大家会喜欢选择49000元。

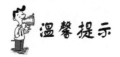

企业每日取现是有限额规定的，这个规定因政策的不同经常变动，具体请关注中国人民银行的规定。

7. **问**：移动支票是什么？

答：随着互联网的发展，现在有些银行推出了电子票据，如招商银行2015年推出了"移动支票"这一无纸质形式的支票，从功能上全面替代了纸质支票等。具体请咨询招商银行，电话95555。

业务6　现金收款业务

情景案例

　　零售部经理陈大姐经常让零售部员工小李把当日的零售款送交至出纳钱多多处,陈大姐和出纳钱多多每月月底核对当月现金收入总额,出纳钱多多负责每天收现并记录,财务经理在年底跟陈大姐对账时发现每天的现金收入基本不符,原因是小李每月月初将零售收入挪用,然后在每个月的月底进行补入,她模仿陈大姐的笔迹和签名将每天的零售收入明细表抄写一遍。但是,出纳钱多多在整年业务过程中,没觉察出每天零售收入的不稳定和核实收款业务的真实性,才会让小李有可乘之机。

　　现金收款业务在出纳工作中非常频繁。企业的现金收款业务一般有以下几种:收取零售款、收取押金、收取赔偿金、收取罚款等。出纳在处理现金收款业务时很容易出错,如收到假币、金额出错、收款收据开错等。因此,出纳在收取现金款项的过程中要特别谨慎、细心。

一、现金收款业务的流程

现金收款业务的流程见图 2-25。

图 2-25　现金收款业务的流程

(一) 确认收款依据

出纳办理现金收款业务时,必须先核实该业务的真实性、合法性,根据发票、协议等收款依据确认应收取的金额,如有错误则要求其改正或重办。

(二) 收取款项

点钞验钞时,要注意识别假币,如果收到残损币,应根据残损的情况做出准确处理。点验无误后应唱收——"收您××元"。

（三）开具收款收据

开具收款收据在出纳现金收款业务中经常发生,因此准确开具收据也是出纳必备的技能之一。

款项收取完毕后,出纳应将现金及时放进保险柜中,并根据业务情况开具收款收据。

收据为企业内部自制单据,可以在会计用品店或税务局购买,也可以由企业自行设计,再打印出来。实务中的收款收据比较多样化,格式、联次有所差异,但是要点和内容都大同小异(见图 2-26)。

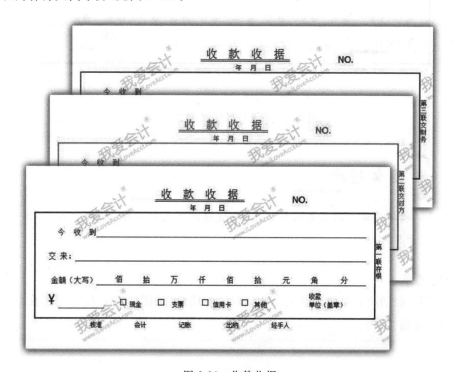

图 2-26 收款收据

收据一般分为两联或三联。图 2-26 所示的收款收据是三联式的,第一联为存根联,由出纳自己留存;第二联为收据联,盖上公章或财务专用章后,交给对方作为收款证明;第三联为财务联,出纳开具后盖上现金收讫章交给会计做账。

收款收据主要有填写、盖章、使用三个步骤。

1. 填写

填写的主要要素如下。

(1) 日期:填写收款当天的日期,使用小写日期填写即可。

(2) 付款方:在"今收到"后面的横线处填写付款人或付款单位名称。

(3) 项目:在付款方后面填写收取款项的原因和事由。

（4）金额：填写收款的实际金额，使用大小写填写。

（5）结算方式：一般为现金（见图2-27），如果是其他结算方式，则勾选"其他"选项。

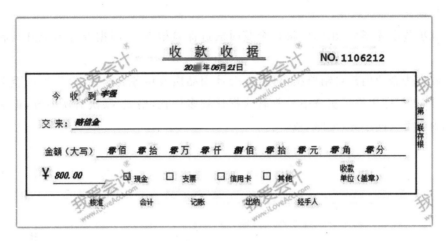

图 2-27　填写好的收款收据第一联

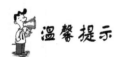

收款收据上的相关人员签字，一般填写相关的经手人（交款人）和出纳（开票人）。

2. 盖章

在第二联的收款单位处盖上公章或财务专用章（见图2-28）；在第三联盖上现金收讫章（见图2-29）。

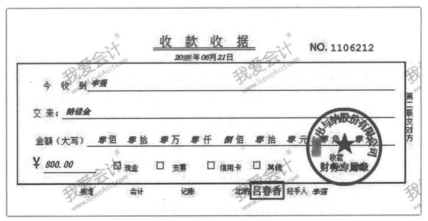

图 2-28　盖章后的收款收据第二联

图 2-29　盖章后的收款收据第三联

3. 使用

填写完毕、盖章后,将第二联撕给付款方,第一联保留在收据本上备查。结束当日工作时,将当天开具的所有收据第三联统一交给会计记账。

二、现金收款的特殊处理

实务中,收到款项一般都需要开具收款收据,但是有些业务可以不开,如收取零售款,营业员交来的销售日报表可以直接交给会计做账,不需要开具收据。此处关于现金收款的特殊处理,主要是针对不开具收款收据和易错点的处理流程进行讲解。

情景案例

收银员今天下班的时候交给出纳钱多多今天的零售款及销售日报表,如果你是钱多多,根据前面已学习的现金收款业务流程,该怎么做呢?

收银员交来当天零售款和一式两联的销售日报表(见图 2-30)。

首先,出纳应先核对收银员所交的销售日报表明细金额与汇总金额是否一致。若发现有错,让收银员用红色的签字笔在错误金额处划线,在错误金额的上方用黑色的签字笔书写正确金额,并签名(见图 2-31);或者直接重新打印销售日报表。

其次,出纳应当面核对现金,点两遍以保证金额正确,同时注意识别假币。

最后,根据清点无误的现金与销售日报表的汇总金额核对无误后,将现金收妥,在销售日报表上签章或开具收据。本例中收银员不需要收据,因此,出纳只需在销售日报表上签字,盖上现金收讫章即可(见图 2-32)。

销售日报表

20□□ 年 10 月 13 日

第 010 号
第 013 页

货号	商品名称	规格	单位	数量	单价	金额 千百十万千百十元角分	客户	核对
1039	男式衬衫	170/92	件	20	50.00	1 0 0 0 0 0	郑为名	☐
1003	女式衬衫	155/35	件	15	40.00	6 0 0 0 0	郑为名	☐
1004	女式衬衫	160/38	件	8	45.00	3 6 0 0 0	陈美兰	☐
								☐
	合　计					￥1 9 6 0 0 0		☐

出纳：　　　　　　　　　复核：王制清　　　　　制表：林荆蕊

第一联

销售日报表

20□□ 年 10 月 13 日

第 010 号
第 013 页

货号	商品名称	规格	单位	数量	单价	金额 千百十万千百十元角分	客户	核对
1039	男式衬衫	170/92	件	20	50.00	1 0 0 0 0 0	郑为名	☐
1003	女式衬衫	155/35	件	15	40.00	6 0 0 0 0	郑为名	☐
1004	女式衬衫	160/38	件	8	45.00	3 6 0 0 0	陈美兰	☐
								☐
	合　计					￥1 9 6 0 0 0		☐

出纳：　　　　　　　　　复核：王制清　　　　　制表：林荆蕊

第二联

图 2-30　销售日报表

销售日报表

20　　年 10 月 13 日

第 010 号
第 013 页

货号	商品名称	规格	单位	数量	单价	金额 千百十万千百十元角分	客户	核对
1030	男式衬衫	170/92	件	20	50.00	1 0 0 0 0 0	郑为名	□
1003	女式衬衫	155/35	件	15	40.00	6 0 0 0 0	郑为名	□
1004	女式衬衫	160/38	件	8	45.00	3 0 0 0 0 林树能 陈美兰		□
								□
								□
								□
								□
								□
								□
								□
		合　计				￥ 1 9 6 0 0 0		□

出纳：　　　　　　复核：王树青　　　　制表：林树能

第一联

销售日报表

20　　年 10 月 13 日

第 010 号
第 013 页

货号	商品名称	规格	单位	数量	单价	金额 千百十万千百十元角分	客户	核对
1039	男式衬衫	170/92	件	20	50.00	1 0 0 0 0 0	郑为名	□
1003	女式衬衫	155/35	件	15	40.00	6 0 0 0 0	郑为名	□
1004	女式衬衫	160/38	件	8	45.00	3 0 0 0 0 林树能 陈美兰		□
								□
								□
								□
								□
								□
								□
								□
		合　计				￥ 1 9 6 0 0 0		□

出纳：　　　　　　复核：王树青　　　　制表：林树能

第二联

图 2-31　销售日报表（更正后）

销售日报表

20■■ 年 10 月 13 日

第　010　号
第　013　页

货号	商品名称	规格	单位	数量	单价	金额 千百十万千百十元角分	客户	核对
1039	男式衬衫	170/92	件	20	50.00	1 0 0 0 0 0	郑为名	✓
1003	女式衬衫	155/35	件	15	40.00	6 0 0 0 0 0	郑为名	✓
1004	女式衬衫	160/38	件	8	45.00	3 6 0 0 0 0　林树量	陈英兰	□
								第一联 销售联 □
								□
								□
								□
								□
								□
合　计						¥ 1 9 6 0 0 0		✓

现金收讫

出纳：吕春香　　　　复核：王树青　　　　制表：林树量

第一联

销售日报表

20■■ 年 10 月 13 日

第　010　号
第　013　页

货号	商品名称	规格	单位	数量	单价	金额 千百十万千百十元角分	客户	核对
1039	男式衬衫	170/92	件	20	50.00	1 0 0 0 0 0	郑为名	✓
1003	女式衬衫	155/35	件	15	40.00	6 0 0 0 0 0	郑为名	✓
1004	女式衬衫	160/38	件	8	45.00	3 6 0 0 0 0　林树量	陈英兰	✓
								第二联 财务联 □
								□
								□
								□
								□
								□
合　计						¥ 1 9 6 0 0 0		✓

现金收讫

出纳：吕春香　　　　复核：王树青　　　　制表：林树量

第二联

图 2-32　销售日报表（盖章后）

温馨提示

出纳处理现金业务时要高度谨慎，应有的程序要严格做到，不得有一丝偷懒。一位老出纳曾用"工作要战战兢兢，看钱要瞪大眼睛，做事要少说多听"来描述出纳工作。对于现金业务，出纳一定要小心谨慎，同时瞪大眼睛，不能有一丝懈怠。

业务 7 存 现 业 务

存钱是每个人日常生活中经常要做的事情,企业更是如此。出于安全考虑,公司当日的库存现金金额不宜太多,出纳必须将企业收到的现金及时存入银行。

一、存现的原因

 法律法规

中华人民共和国现金管理暂行条例

开户单位收入现金应于当日送存开户银行,当日送存确有困难的,由开户银行确定送存时间。

开户单位支付现金,能够从本单位库存现金限额中支付,也可开具现金支票从开户银行提取,再进行内部支付,不得从本单位的现金收入中直接支出(坐支)。

商场、酒店等现金流量较大的企业的出纳,每天都应将当天收到的现金款项及时送存开户银行。转账业务相对较多、现金收入较少的企业,可向银行说明情况,根据日常现金收入的情况由银行确定收款时间:一般可以申请 3～5 天送存一次现金;如果某天的现金收入较多,也可以在一天内分多次缴存银行。

 温馨提示

当天现金及时送存银行是法律规定,超过公司财务制度规定限额的现金必须存入银行,更是为单位内部安全考虑,同时存放到银行还可以有利息收入,所以出纳要记得及时将现金缴存银行。

二、存现的流程

出纳到银行存现的流程共三步(见图 2-33)。

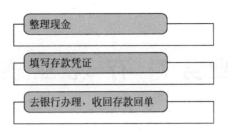

图 2-33　出纳到银行存现的流程

（一）整理现金

出纳去银行存现，要先将收到的现金按币别、大小的不同进行整理归类；再进行清点；然后填写存款凭证。

（二）填写存款凭证

存现必须填写银行存款凭证才能去银行办理，不同银行的现金存款凭证的名称有所差异。中国农业银行的是现金缴款单，中国工商银行的是现金存款凭证，交通银行的是现金解款单，等等。各银行的现金存款凭证的格式有所差异，但内容大同小异。这里我们以交通银行的现金解款单（见图 2-34）为例进行讲解。

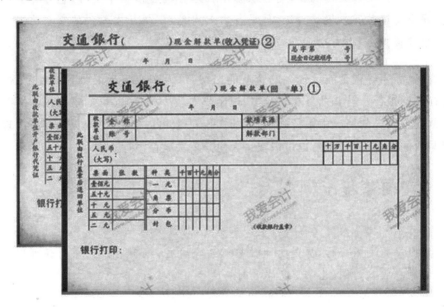

图 2-34　空白的现金解款单

现金解款单的填写事项主要包括以下内容。

（1）日期：填写办理当天的日期。

（2）单位全称：要与营业执照的名称一致。

（3）账号：单位在银行开立的账号。

（4）款项来源：写明款项的实际来源，如零售款就写零售款，员工还款就写个人还款。

（5）解款部门：填写交款的部门，也可以填公司名称或不填。

（6）金额：采用大小写填入，大小写必须一致，而且大小写金额要符合数字书写规范。

（7）券别：出纳要将币值相同的现金分为一组，进行统计，再将分类的数量填入相应栏内。

温馨提示

　　现金解款单由出纳填写，其中日期、单位全称、账号、金额大小写、款项来源均为必填项目，解款部门、券别为可填可不填项目。

填写完的现金解款单见图 2-35。

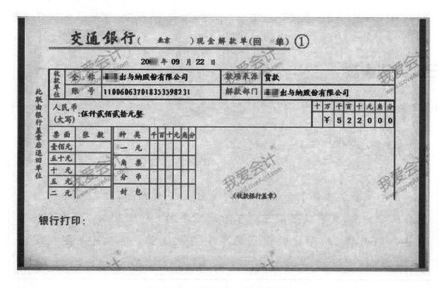

图 2-35　填写完的现金解款单

（三）去银行办理，收回存款回单

出纳将填好的现金解款单和现金交给银行柜员，银行柜员办理存款手续后，就会把加盖好银行章的回单联（见图 2-36）退还给出纳，出纳只将回单联带回即可。

取回现金解款单回单后，出纳要及时登账并交接给会计做账。

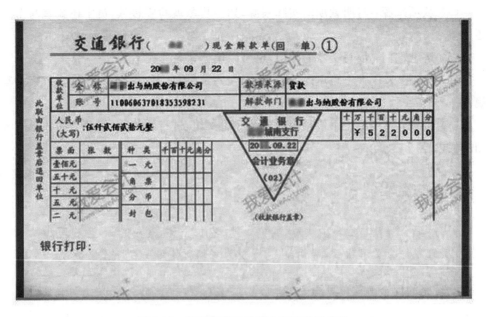

图 2-36 银行盖章后的现金解款单回单联

三、其他事项

1. 存款凭证的来源

情景案例

出纳钱多多去银行服务台咨询现金支票事宜，银行人员告知如果开具现金支票，支票是要提前到银行来购买的，一本 20 元；钱多多联想到其他的票据，如存款时用到的现金存款凭证，是不是也要在此购买呢？

现金存款凭证可以在银行免费获取，如果企业经常收到现金，可以事先从银行获取多份现金存款凭证，在公司写好后再带到银行，这样就提高了办事效率。

2. 存款凭证填错的处理

若现金解款单填错了，可以直接销毁（一般要撕毁，然后扔垃圾桶，因为上面有单位的名称和账号），然后重新填写一张。

3. 办理存现前是否要盖印鉴

很多银行业务办理时都需要盖银行预留印鉴，存现是否也需要呢？

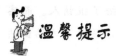

情景案例

　　出纳钱多多去银行办理现金存款，由于很多银行业务都需要加盖单位在银行的预留印鉴，于是就将填好的现金解款单交给相关印鉴的保管人员盖章，结果被告知多此一举，这时钱多多才知道存款不用盖章。

　　现金解款单不需要加盖公司的相关印章，出纳填完后将现金和现金解款单交银行柜员办理就可以了。

温馨提示

　　存现时，出纳只要带现金过去并将银行回单联带回即可。在这个过程中，现金解款单不需要加盖企业印章。

业务 8　报销业务

情景案例

　　出纳钱多多刚上班不久,有员工来报销,报销单上没有相关领导的签字审批,但钱多多收到报销单后还是把报销的钱给了报销人。而实情是,该员工所在部门经理因费用超标没有批准,所以该员工才钻出纳新来不懂的空子。钱多多因此遭到财务经理的批评。

　　报销业务是指企业在日常经营活动中发生的以报销形式结算的各种业务,如报销电话费、办公费等。报销业务是出纳日常工作中常见的业务之一,也是出纳应掌握的重要的业务之一。

　　要报销首先要有报销单,报销单是员工为与工作相关的事项发生款项支出后进行报销时使用的单据。报销单是企业内部自制单据,形式比较多样,但报销单上所应填写的项目都是类似的(见图 2-37)。

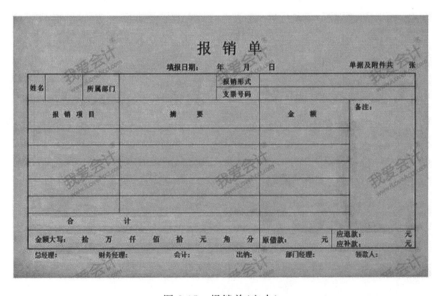

图 2-37　报销单(空白)

温馨提示

　　报销单在一般的文具用品店都有销售,公司也可以根据自己的实际情况设计印刷。

员工办理报销业务的流程主要分为四步(见图 2-38)。

图 2-38　报销业务流程

其中,出纳的工作重点在于审核付款。

一、审核付款

　　员工报销时,要先填写报销单据,并按企业规定办理相关的审核、审批手续,然后交由出纳审核付款。

(一)审核

　　出纳收到报销单时,必须核实报销单上的要素是否完整,手续是否完备,附件是否合法,金额是否合理等。

　　出纳审核报销单具体包括以下几点。

　　(1)报销日期:报销日期不能在提交报销单的日期之后,也不能在提交日期之前的太长时间。报销日期不能是未来的时间,如 17 日不能填写为 18 日,也不能是跨年度的时间,如今年 6 月,就不能报销去年 10 月的费用。

　　(2)报销人:报销人的名字是否清晰可辨。

　　(3)所属部门:是否填写报销人所在部门的名称。

　　(4)报销项目、摘要:是否写清报销的原因,如购买办公用品、出差、招待客户等。

　　(5)金额:是否写清楚要报销的金额,报销的金额不得超过附件的汇总金额,不得超过公司规定的报销标准。

　　(6)附件:附件张数与填写的是否一致,附件是否真实合法,附件日期是否合理,合计金额是否不小于报销单上的报销金额。附件指的是报销单后附的业务发票或证明,如购买办公用品会有商品销售发票、发生业务招待费时会有餐饮发票等。

　　(7)审批签字:报销业务是否经过了相关领导的批准,一般至少要有部门经理和财务经理(或其授权的会计)的签字 。

（二）付款盖章

出纳审核无误后，让报销人在报销单的右下角"报销人"或"领款人"处签字；然后把报销款付给报销人，付款时要唱付；最后在付完款的报销单上盖上现金付讫章，证明报销款项支付完毕，防止重复支付（见图2-39）。

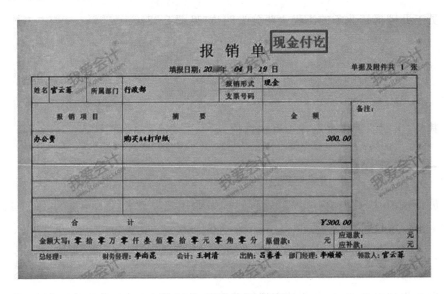

图2-39　报销单（已付讫）

（三）审核常见问题

出纳在办理报销业务时经常遇到的问题主要有以下几类。

1. 公司抬头不对应

情景案例

销售员小王前来报销差旅费，各项填写及审批手续都很完备，但出纳钱多多在审核后附发票时发现一张住宿发票上付款单位全称写的不是本公司，拒绝报销。财务经理知道此事后，对钱多多工作认真负责的态度进行了表扬。

报销人员在报销单后所附的发票必须是开给本公司的，如果抬头非本公司的发票，一律不能报销。

法律法规

国家税务总局关于进一步加强普通发票管理工作的通知

国家税务总局发布《国家税务总局关于进一步加强普通发票管理工作的通知》(国税发〔2008〕80号),通知规定,在日常检查中发现纳税人使用不符合规定发票特别是没有填开付款方全称的发票,不得允许纳税人用于税前扣除、抵扣税款、出口退税和财务报销。

2. 项目不对应

情景案例

出纳钱多多在审核行政部小李的报销单时发现,报销项目上写的是市内交通费,而后附是购买办公用品的发票,钱多多告诉小李:"报销的内容要与发票上的内容一致才能报销。"

报销时,所报销的项目必须根据后附发票的项目填写。出纳在审核报销单时发现报销单上面所报销的项目跟后附发票报销的项目不一致,一律不予报销。

3. 日期不对应

情景案例

出纳钱多多在6月份收到销售员林华的报销单,报销一笔业务招待费,各项填写和签字都符合规定,但报销单后面附的一张餐饮费发票是去年的。钱多多看报销单的填写和审批签字都符合规定,就予以报销。财务经理知道这件事之后批评了钱多多。

出纳在审核报销单时,若发现报销单与发票的日期间隔时间过长时,一般是不允许报销的,具体请参照公司的财务制度做出相应的处理。

4. 金额不对应

情景案例

员工张坤交来报销单和发票,出纳钱多多审核时发现,报销单上的报销金额比发票总金额要大,但看到审核都通过了,就予以报销。这样做对不对呢?

报销单所附发票的金额之和如果低于报销金额，出纳应要求报销人补齐相关发票，否则不予报销；如果发票的汇总金额大于或等于报销金额，一般以报销单上的金额为准，予以报销。另外，报销的金额不能超过企业对各部门的报销标准，具体报销标准请参照公司的财务制度。

5. 没有完成审核手续

一般来说，报销单的审核手续为：先通过部门经理审核，再通过财务人员审核，最后要通过分管领导如总经理或副总经理等审核（见图 2-40）。

部门经理审核 ⇒ 财务人员审核 ⇒ 分管领导审核

图 2-40　报销单审核的流程

对于部门有预算的报销项目，如果费用没有超过部门报销标准，可以不经过分管领导审批。出纳收到没有按要求完成审批手续的报销单，应不予受理。具体情况请参照公司的财务制度。

二、填单审批

报销单一般由报销人处理，出纳在实际工作中经常办理一些日常费用的支出，因此也要掌握自己报销费用时的处理，具体包括填写报销单、粘贴票据和找领导审批签字。

（一）填写报销单

实务中，很多企业领导报销费用都是由出纳代为填写并办理相关的手续。

报销单的填写事项主要包括以下内容（见图 2-41）。

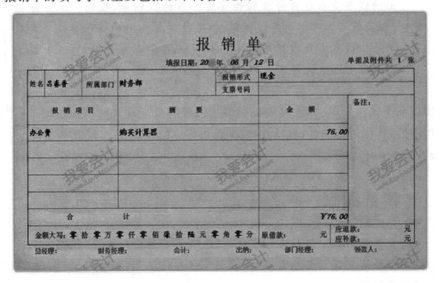

图 2-41　报销单（已填写）

（1）填报日期：写明填写报销单当天的日期，用小写阿拉伯数字填写即可。

（2）姓名：填写报销人的姓名。

（3）所属部门：填写报销人所在的部门。

（4）报销项目、摘要：写明报销费用的具体原因，如交通费、差旅支出、客户招待等。

（5）金额：包括明细金额与合计金额，明细金额按对应项目以小写金额规范填写，合计金额按明细项目的合计金额填写，应包含大小写。

（6）附件：填写报销单所附发票张数。

（二）粘贴票据

报销人填写完报销单后，需要将相关的发票粘贴在报销单后面，但是发票的种类很多，不同发票的大小会有所差异，票据贴得好与坏的影响差别很明显，票据要贴得好也是有技巧的。

实务中，原始凭证的整理也有几个要点需要注意。

（1）粘贴前：先将所有票据分类整理好，并准备好相关用具，如胶水、粘贴单等。

（2）粘贴时：将胶水涂抹在票据左侧背面，沿着粘贴纸装订线内侧和粘贴纸的上、下、右三个边依次均匀排开横向粘贴，避免将票据贴出票外。

（3）粘贴后：要确保所有单据必须贴紧，粘贴时应避免单据互相重叠。粘贴至粘贴单时，应自右到左，由下至上均匀排列粘贴，确保上、下、右三面对齐，不出边。

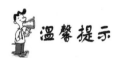温馨提示

　　同类原始凭证数量较多、大小不一，则按照规格大小同类型发票粘贴在一起，票据比较多时可使用多张粘贴纸。

　　另外，对于比粘贴纸大的票据或其他附件，粘贴位置也应在票据左侧背面，沿装订线粘贴，超出部分可以按照粘贴纸大小折叠在粘贴范围之内。如果单据过小，可根据粘贴纸的尺寸多排粘贴。

（三）找领导审批签字

报销人将报销单填写、发票粘贴后，即请相关的领导在报销单上签字。

例如，出与纳股份有限公司的报销审核签字一般有总经理、财务经理、部门经理等，公司审批制度规定：①金额在 1000 元以下（含 1000 元），由主管部门经理签字之后交给财务经理复核、审批；②金额在 1000 元以上，由主管部门经理审核签字之后交给财务经理复核再由总经理审批。

温馨提示

不同企业的报销审批制度是不一样的,具体请根据公司的相关制度执行报销手续。

业务9　员工借款

公司涉及的现金支出,除了存现、员工报销之外,还包括员工借款等业务。在企业特别是在施工、物流等类型企业中,借款业务经常发生,因而也是出纳必须掌握的一项重要业务。

情景案例

今年3月份,员工赵峥向公司借款3万元后潜逃。经查,该员工为销售部人员,他模仿部门负责人、财务经理和总经理的笔迹在借款单上签字,出纳钱多多收到借款单后没有仔细核实就支付了借款。老板认为这是钱多多的失职,因工作不够谨慎而给公司造成损失,因而要求钱多多赔偿。

借款业务会导致公司的资金外流,所以出纳在处理相关业务时要特别谨慎,注意审核借款单的填写、审批程序以及借款业务的实质等是否准确无误。

员工借款一般要填写借款单(见图2-42)。借款单是企业内部自制的单据,格式比较灵活,一般为一式一联;借款单可以在办公用品店购买,也可以由公司自行设计并打印使用。

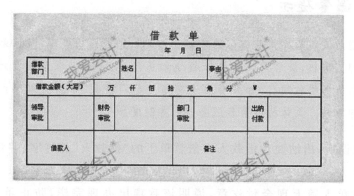

图 2-42　借款单(空白)

员工借款有很多种情况,如预借差旅费、业务招待费、零星采购等。下面从借款的流程、还款和常见实务问题及处理三个方面进行讲解。

一、借款的流程

借款时，一般由借款人填写借款单，并按企业规定办理相关的审核、审批手续，然后交由出纳付款。借款人必须把借款单的填写要素填写完整并办好审批手续，然后将借款单提交给出纳付款（见图2-43）。实务中，出纳的工作重点在于借款单的审核与付款，接下来我们重点学习审核付款及登记台账。

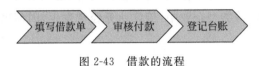

图 2-43　借款的流程

（一）审核付款

出纳收到借款人交来的借款单，首先根据公司的借款制度，审核借款单是否填写完整，审批手续是否完整。

审核借款单主要包括以下几个方面。

（1）借款日期：是否写明借款当天的日期。

（2）借款部门：是否写明借款人所在的部门名称。

（3）姓名：是否填写借款人的姓名。

（4）借款的事由：是否填写清楚借款的原因，如出差预支费用等。

（5）借款金额：是否填写清楚借款的金额，金额大小写是否一致。

（6）审批签字：借款单是否经过了相关领导的批准，是否符合报销审批流程。

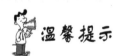温馨提示

　　借款人填写完借款单后的审核手续是：先由部门经理审核，然后交财务部门审核，最后再经过分管领导如总经理、副总经理审核。对于部门有预算的借款项目，如果费用没有超过部门借款标准，可以不经过分管领导审核。具体标准请参照公司财务制度。

审核无误后，出纳要让借款人在借款单下的"借款人"处签字，并将借款的金额付给借款人，付款时要唱付。同时，出纳要在"出纳付款"处签字。最后，在付完款的借款单上盖上现金付讫章，说明该款项已办理完毕，防止重复支付（见图2-44）。

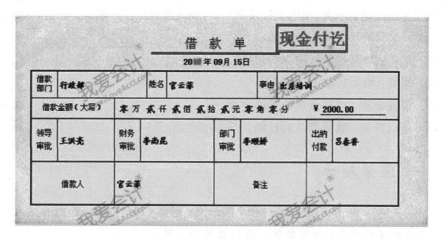

图 2-44　借款单(已付讫)

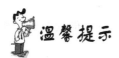

　　出纳必须养成习惯：借款金额确认无误后,先让借款人在"借款人"处签字,再将现金或支票等交予借款人,将款项交予借款人后在借款单上盖上现金付讫章。

(二) 登记台账

　　借款台账也就是借款的明细账,记录了借款人的姓名、借款事由、借款时间、金额等信息(见图 2-45)。通过借款台账,可以清楚地知道员工借款的详细信息,能更好地跟踪和管理员工的借款。

图 2-45　借款台账

当发生员工借款业务，出纳支付完款项后，应该及时地在台账上登记借款的信息。

（1）姓名：填写借款人的姓名。

（2）部门：填写借款人的部门信息。

（3）摘要：填写借款的原因。

（4）借款金额：填写借款的具体金额。

（5）借款日期：填写借款的日期。

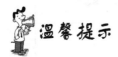温馨提示

实际工作中，出纳登记台账是使用 Excel 表格进行记录，出纳可设置自动计算的模式：借款金额－还款金额＝余额。

二、还款

员工归还借款时，出纳必须开具相关的证明给员工，并根据借款台账核销借款信息。

出纳收到员工还款时，首先要根据台账核实，确认无误后再按公司规定办理相关的还款手续，办理完即刻核销该笔借款信息（见图 2-46）。

员工借款明细账
20 　　　　　　　　　　　　　　　　　　　单位：元

编号	姓名	部门	摘要	借款金额	借款日期	还款金额	归还日期	余额
1	阮惠平	行政部	个人借款	2000.00	20 年02月20日	2000.00	20 年03月14日	0.00
2	崔毅强	销售部	出差借款	3000.00	20 年03月05日	3000.00	20 年03月31日	0.00
3	钱建豪	采购部	个人借款	1500.00	20 年04月12日			1500.00
4	官云菲	行政部	个人借款	800.00	20 年04月27日			800.00
5	张晨阳	销售部	出差借款	2500.00	20 年06月17日			2500.00

图 2-46　借款台账（核销）

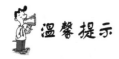温馨提示

实际工作中，员工还款大多是以报销的形式为主，一般都是先报销后还款。还款时，出纳要根据台账核实该笔借款的时间、金额，然后开具收款收据给对方作为还款的证明，最后在台账上核销该笔借款信息。

三、常见实务问题及处理

情景案例

　　销售员老郑找出纳钱多多借款，给了钱多多一张纸，上面写着"预借业务招待费2000元"，并对钱多多说："小钱，下午我要出去招待客户，身上的钱不够，先找你借一些。"钱多多看是老熟人，于是就收了借条，将钱付给他。

　　第二天财务经理过来报销费用，结果现金不够支付，财务经理看了借条后批评了钱多多："你这是白条抵库，是典型的违规行为。"

　　有时候，出纳支付员工借款后，由于借款单据不符合规定等原因，没有把借条交给会计做账，而是将借条留在保险柜里充当现金，等到员工还款，再将借条退还，这是我们常说的"白条抵库"现象。

　　"白条抵库"是单位库存现金管理工作中的一种典型违规行为，容易给企业资金管理带来严重的不利影响。

　　（1）实际库存现金比账上的金额少，会影响现金支付结算，如果白条抵库金额过大，就有可能出现付款时现金不足的情况。

　　（2）大量的抵库白条会增加资金管理压力，降低资金使用效率。

　　（3）随意占用资金会给公司的资金安全造成负面影响，会增加资金被部分人员挪用的风险。

　　白条借款与借款单借款的区别见表2-3。

表2-3　白条借款与借款单借款的区别

借款方式	付款流程	还款流程
白条借款	支付借款，白条抵库	收回借款，退还白条
借款单借款	支付借款，登记台账，移交借款单	收回借款，核销台账

　　从表2-3我们可以看到，出纳不仅很难管理白条借款，而且退还白条后，就没有发生该业务的证明，这些都不符合公司资金管理的要求；而借款单借款，出纳则能很清楚地跟踪、管理员工的借款，并且整个借款事项都能在台账中反映。

　　为了避免发生"白条抵库"的现象，出纳不仅要严格按照企业的财务制度审核借款单，对于不符合规定的借款单，不予办理，而且在每天下班前应将当天办理的借款单交接给会计。

业务 10　现 金 日 清

情景案例

　　出纳钱多多今天成就感很强，办理了不少现金收入和现金支出业务，特别是当天有一笔跨期费用，钱多多发现及时，控制了现金支出。但到了第二天，财务经理问道："昨天的现金有没有确认无误？原始凭证有没有移交给会计？"钱多多瞠目结舌，本以为每天只要办理好现金、银行的收付业务就算完成工作了。

　　出纳要养成良好的职业习惯，做到日事日毕，日清日高。所谓"日事日毕，日清日高"，是海尔公司提出的管理方法，意思是说当天的工作必须当天完成，而且工作质量要比昨天有所提高。

　　出纳每天要完成很多的收、支业务，如何保证自己经手的每一笔业务都准确无误呢？这就需要有一个记录、核对和跟踪的措施。这些措施包括：①根据当天的现金收支业务登记好登记库存现金日记账；②盘点现金，将库存现金的金额与库存现金日记账的余额相核对，保证账实相符；③将当天的业务凭证进行整理，编制一式两份的交接表，并将凭证交给会计做账（见图 2-47）。

图 2-47　现金日清的流程

一、登记库存现金日记账

　　俗话说得好，好记性不如烂笔头。出纳所经手的每一笔现金收、支业务，都有相应的单据记录，例如支付报销费用时有对应的报销单、发票等单据。这些单据最后都要由出纳交接给会计做账。如果出纳在单据交接出去后，想要了解当时的支付金额、报销人员等业务信息，就得去找会计要凭证，而想要在一本本凭证中找到自己想要的凭证就如大海捞针一样困难，因此出纳一定要有自己的一本流水账，这就是库存现金日记账。

库存现金日记账一般在会计用品店可以买到,不同的库存现金日记账格式各有不同,但是主要事项如日期、摘要、借方、贷方及余额,是必须记录的(见图 2-48)。

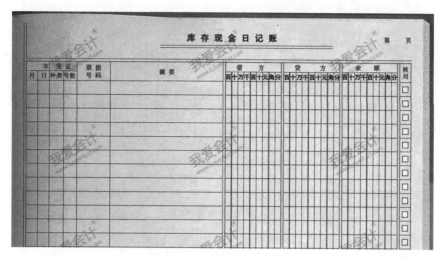

图 2-48　库存现金日记账(空白)

（一）登记方法

出纳应将每笔现金收、支业务及时登记到库存现金日记账中。登记时,根据复核无误的收、付款凭证,按账簿登记的要求,使用蓝、黑色钢笔或签字笔逐笔、序时、连续地进行登记,不得跳行、跳页。

一般而言,库存现金日记账上的"日期""摘要""借方金额（或增加金额）""贷方金额（或减少金额）""余额"为必填项。

1. "日期"栏

"日期"栏中填入业务发生的日期。

2. "摘要"栏

"摘要"栏的摘要不能过于简略,应以能够清楚地表述业务内容为度,便于事后查对。

3. "借方金额（或增加金额）"栏

"借方金额"登记库存现金增加的金额,如 3 月 12 日到银行取现 10000 元,则在借方栏增加 10000.00 元的记录,表示现金增加 10000.00 元(见图 2-49)。

4. "贷方金额（或减少金额）"栏

"贷方金额"登记库存现金减少的金额,如 3 月 12 日业务员报销差旅费 5000 元,则在贷方栏增加 5000.00 元的记录,表示现金减少 5000.00 元(见图 2-50)。

5. "余额"栏

"余额"表示库存现金的余额,应根据"本行余额＝上行余额＋本行借方－本行

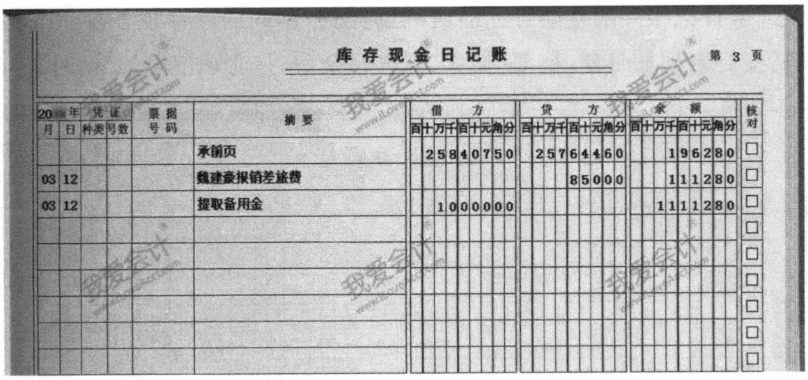

库存现金日记账　　第 3 页

20　年 月	日	凭证 种类	号数	票据号码	摘要	借方	贷方	余额	核对
					承前页	25840750	25764460	196280	
03	12				魏建豪报销差旅费		85000	111280	
03	12				提取备用金	1000000		1111280	

图 2-49　库存现金日记账（借方增加）

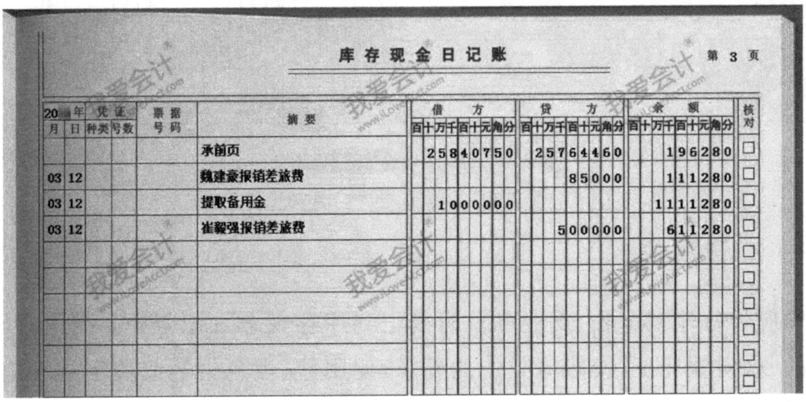

库存现金日记账　　第 3 页

20　年 月	日	凭证 种类	号数	票据号码	摘要	借方	贷方	余额	核对
					承前页	25840750	25764460	196280	
03	12				魏建豪报销差旅费		85000	111280	
03	12				提取备用金	1000000		1111280	
03	12				崔毅强报销差旅费		500000	611280	

图 2-50　库存现金日记账（贷方增加）

贷方”的公式计算填入。

出纳应遵循“日事日毕”的原则，即当天的业务当天记录，记录当日发生额，并结出余额，最后合计本日借方、贷方发生额（见图 2-51）。

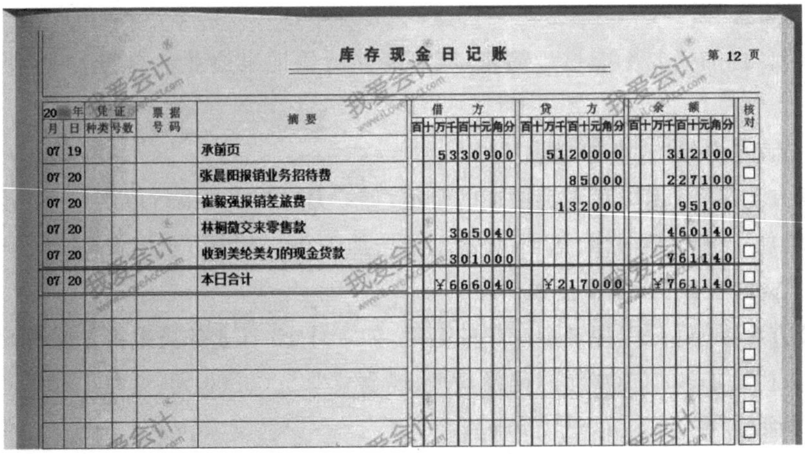

库存现金日记账　　第 12 页

20　年 月	日	凭证 种类	号数	票据号码	摘要	借方	贷方	余额	核对
07	19				承前页	5330900	5120000	312100	
07	20				张晨阳报销业务招待费		85000	227100	
07	20				崔毅强报销差旅费		132000	95100	
07	20				林桐微交来零售款	365040		460140	
07	20				收到美轮美幻的现金货款	301000		761140	
07	20				本日合计	¥666040	¥217000	¥761140	

图 2-51　库存现金日记账（本日合计）

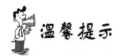温馨提示

为了及时掌握现金收、付和结余情况,库存现金日记账必须当日账务当日记录,并于当日结出余额。

实际工作中,很多企业都没有合计本日的发生额,具体请根据公司的规定进行登记填写。

各企业对本日合计的划线方式有所不同,有的是在本日合计栏上下各画一条通栏的单红线,具体请根据公司以往的登账方式进行登记填写。

6. 日记账首行和末行填写

每一页登记完后,必须按规定结转下页。

结转时,应根据"承前页"的借方加上本页的借方发生数,得出"过次页"的借方金额,同理计算"过次页"的贷方金额,并算出余额,写在本页最后一行,并在摘要注明"过次页"。"承前页"的金额可以直接根据上页的"过次页"金额填写,并在摘要栏注明"承前页"字样(见图 2-52 和图 2-53)。

07	23		阮惠平还款						5	0	0	0	0												8	1	5	1	0	0	□
07	23		支付广告费																2	8	0	0	0	0	5	3	5	1	0	0	□
07	23		收到赖青云的罚款							1	0	0	0	0											5	4	5	1	0	0	□
07	23		本日合计						6	0	0	0	0						3	6	0	0	0	0	5	4	5	1	0	0	□
07	24		王洪亮报销业务招待费																3	2	0	0	0	0	2	2	5	1	0	0	□
07	24		过次页					7	0	5	6	9	4	0			6	9	3	3	0	4	0	2	2	5	1	0	0	□

图 2-52　库存现金日记账(过次页)

库存现金日记账　　第 4 页

20 年	凭证	票据	摘要	借方										贷方										余额									核对
月 日	种类号数	号码		百十万千百十元角分										百十万千百十元角分										百十万千百十元角分									
			承前页			7	0	5	6	9	4	0				6	9	3	3	0	4	0					2	2	5	1	0	0	□
07 24			魏建豪报销差旅费															1	0	0	0	0	0					1	2	5	1	0	0	□
																																	□
																																	□
																																	□
																																	□

图 2-53　库存现金日记账(承前页)

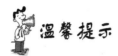温馨提示

　　实际工作中库存现金日记账格式比较多样，有些库存现金日记账并没有凭证种类、号数和票据号码栏，因此一般不填写。具体请出纳根据库存现金日记账的格式和企业相关规定登记。

（二）登记注意事项

1. 库存现金日记账的启用

情景案例

　　公司旧的库存现金日记账用完，要启用新账簿，财务经理交代出纳钱多多去购买印花税票并贴在库存现金日记账上，这让钱多多很疑惑。财务经理告诉钱多多，库存现金日记账启用时要登记扉页，并根据税务局规定贴上印花税票。

　　启用账簿时应填写库存现金日记账扉页（见图 2-54），并且要在账簿扉页上贴上印花税票（现在部分实施网上申报的企业多数在网上直接申报印花税，不直接在账簿上贴花）。

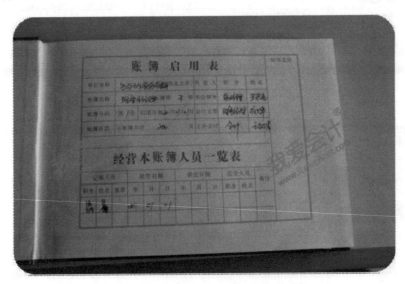

图 2-54　库存现金日记账扉页

法律法规

会计基础工作规范

第五十九条 启用会计账簿时,应当在账簿封面上写明单位名称和账簿名称。在账簿扉页上应记载:启用日期、账簿页数、记账人员和会计机构负责人、会计主管人员姓名,并加盖单位公章。记账人员或者会计机构负责人、会计主管人员调动工作时,应当注明交接日期、接办人员和监交人员姓名,并由交接双方人员签名或者盖章。

启用订本式账簿,应当从第一页到最后一页顺序编订页数,不得跳页、缺号。使用活页式账页,应当按账户顺序编号,并须定期装订成册。装订后再按实际使用的账页顺序编定页码。另加目录,记明每个账户的名称和页次。

2. 库存现金日记账的建账

库存现金日记账的建账就是将上一年度结余的余额过渡到新的账簿上。

库存现金日记账启用后,应将旧账簿中的余额过渡到新启用的账簿中来,在新启用的库存现金日记账首页首行进行记录(见图 2-55)。

图 2-55 库存现金日记账(上年结转)

3. 库存现金日记账的更改

库存现金日记账登记错误时,可以直接在上面更改。

库存现金日记账出现差错时,必须根据差错的具体情况采用划线更正、红字更正、补充登记等方法更正。出纳在登记账簿时,填写的文字、数字不能超过行高的二分之一,以备登记错误时可以进行修改操作(见图 2-56)。

4. 库存现金日记账的日常保管

出纳登记完库存现金日记账后,应及时将账簿放到抽屉保管。除配合企业内外部查账、稽核等事项外,库存现金日记账一律不得外借,以防止财务信息泄露。

库存现金日记账　　第 9 页

20__年 月/日	凭证 种类 号数	摘要号码	摘要	借方 百十万千百十元角分	贷方 百十万千百十元角分	余额 百十万千百十元角分	核对
06 23			承前页	7290000	7100200	6400000	☐
06 23			收到违约金	300000		9400000	☐
06 25			收到零售款	4300000		5240000	☐
06 28			支付货款		150000	5090000	☐
06 30			支付维修费		200000	4890000	☐
06 30			本月合计	2049800	1927800	4890000	☐
06 30			本年累计	11890000	7450200	4890000	☐
07 03			收到变卖废料款	30000		4920000	☐
07 06			收到罚款	200000		5120000	☐
07 09			报销差旅费		200000	4920000	☐
07 11			收到赔偿款	500000		5420000	☐
07 12			存现		4735000	685000	☐

图 2-56　划线更正法

二、盘点现金

情景案例

　　出纳钱多多每天登记完库存现金日记账后都忘记盘点现金，到月末盘点现金时发现库存现金与日记账上的金额不符。由于没有每天盘点现金，因此只能一笔笔重新核对，到最后虽然找到了原因，但也浪费了很多时间和精力，而且还受到财务经理的批评。从这件事中，钱多多知道了每天盘点现金的重要性。

　　登记库存现金日记账除了作为出纳所经手业务的记录载体外，还有一个作用，就是出纳随时可以根据日记账本上的余额与实际库存现金对比，及时核对当天的收、支业务是否正确。

　　复核库存现金日记账是将当天登记的现金业务再核实一遍，并保证登记的每一项业务正确无误。

　　盘点现金，从保险柜取出现金时需遮住密码，取出现金后马上将保险柜锁回。手工点钞验钞时仍然是正、反面点两遍，一方面确认金额；另一方面确认无假币。

　　账实核对指的是将盘点的现金和库存现金日记账的余额进行核对，保证无误。若两者有误差，出纳需马上查找原因，是现金盘点的错误还是库存现金日记账登记错误，或是因为出纳的工作失误导致现金盘亏（现金比账上余额少）或盘盈（现金比账上余额多），还是别的什么原因，然后进行处理。

三、稽交单据

情景案例

　　出纳钱多多下班前将库存现金日记账登记完毕,盘点现金后确认账实相符。此时,会计小李交代钱多多要将当日办理收付的单据交给会计,以便做账。钱多多就将当日的凭证交给会计小李然后下班了。隔日下班时,会计小李跟钱多多说昨天的凭证还未给他,可是钱多多说昨天已经给小李了,两人起了争执,最后闹到财务经理那儿。因钱多多将凭证交给会计没有任何的证明,财务经理认为是出纳的过错,钱多多有口难辩。

　　出纳付款的凭证是付款的证明,对出纳而言,这些凭证就跟现金一样,一旦丢失,如果没办法补办,那就很可能要自己承担相应金额的赔偿责任。为了减少因丢失凭证而发生的损失,降低赔偿风险,出纳应及时把相关的付款凭证交接给会计。

　　为了分清责任,出纳应在交接时编制一式两联的单据交接表(见图 2-57),简要记录交接单据的信息。

出纳单据交接表

20   年

月	日	出纳编号	现金/存款	摘要	个人/部门	经办人	收入金额	支出金额
06	12	现付006	现金	阮惠平报销办公费	行政部	阮惠平		500.00
06	12	现收007	现金	潘晓云交来的罚款	个人	潘晓云	100.00	
				本日合计:			￥100.00	￥500.00

会计:　　　　　　　　　　　　　出纳:吕春香

图 2-57　单据交接表

　　单据交接表的格式可以根据公司的要求进行设置,必须涵盖当日收支的业务及金额。对于每天收支比较多的单位,出纳每天均需编制出纳日报,即将当日的现金收支情况、银行存款收支情况进行详细的说明,也有单位用出纳日报来代替单据交接表。出纳在将凭证交给会计时,必须双方确认签字后移交,以保证权责分明。交接完毕，出纳应妥善保管单据交接表。

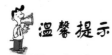温馨提示

　　实务中，并不是每一天都要办理单据移交手续，应根据公司规模大小、业务发生是否频繁而定。如果公司规模较小，业务发生不频繁，单据也可以几天移交一次，但是出纳一定要将单据保管好，以免丢失。

第三篇

银 行 账 户

能 力 目 标

- 掌握银行结算账户的类型和特点；
- 掌握银行结算账户的日常管理；
- 掌握贷款卡的申请和各项管理；
- 掌握单位结算卡的申请和各项管理。

我们首先通过一组漫画（见图 3-1）来了解银行结算的重要性。

图 3-1　银行结算的重要性

银行结算大大提高了企业资金周转的速度和安全性，但要进行银行结算，企业首先要开立银行账户。因此，出纳应熟练掌握与银行账户有关的业务技能，如银行账户分类、银行账户管理、申请贷款卡、申请单位结算卡等。

出纳与银行账户有关的业务包括银行账户分类、银行账户管理、申请贷款卡、申请单位结算卡四部分。

1. 银行账户分类

实务中,出纳必须了解银行账户有哪些类型,以及如何正确地区分这些账户,如备用金只能在基本存款账户取出,临时存款账户有两年的有效期等。

2. 银行账户管理

银行账户管理主要包括银行账户的开立、变更和撤销。企业为了方便结算,往往会在不同的银行开立银行账户,出纳应熟练掌握银行账户的开立流程。

3. 申请贷款卡

企业为了生产经营需要,会向各金融机构申请贷款、办理银行承兑汇票、信用证等,这时需要先申请贷款卡。出纳必须学会如何申请贷款卡。

4. 申请单位结算卡

企业为了存取现方便,会向开户行申请办理单位结算卡。出纳人员必须掌握单位结算卡的申请。

本篇的业务要点和知识要点见表 3-1。

表 3-1　业务要点和知识要点

能力要点	业务要点	知识要点
银行账户	银行账户分类	银行账户的类型
		银行账户的特点
	银行账户管理	银行账户的开立
		银行账户的变更
		银行账户的撤销
	申请贷款卡	申请贷款卡所需提供的资料
	申请单位结算卡	认识单位结算卡
		申请单位结算卡的条件与流程

本篇的重点难点见表 3-2。

表 3-2   重点难点

业 务 目 标	重点难点	学 习 重 点	建议学时
银行账户分类	重点	银行账户的类型、特点	
银行账户管理		银行账户的开立、变更、撤销	2 课时
申请贷款卡		申请贷款卡所需提供的资料	
申请单位结算卡		申请单位结算卡的条件与流程	
合　　计			2 课时

业务 11　银行账户分类

公司要进行日常的银行结算,必须通过银行账户。银行账户又叫银行存款账户,是指机关团体、部队、企业、事业单位、个体经营户和个人在中国境内银行和非金融机构开立的人民币存款、支取、转账结算和贷款户头的总称。

单位银行结算账户按用途分为基本存款账户(简称基本户)、一般存款账户(简称一般户)、临时存款账户(简称临时户)、专用存款账户(简称专用户)四种。

一、基本存款账户

基本存款账户是存款人因办理日常的转账结算和现金收付需要开立的银行结算账户。

情景案例

出纳钱多多进到公司后发现公司开了很多银行存款账户,有基本户、一般户、临时户,专用户。可是数量差异很大,一般户、临时户、专用户都有好多个,但是基本户只有一个,而且用的频率最高,日常业务基本都通过基本户来核算。

公司开设的基本存款账户只能有一个,日常的现金收付一般都是通过基本存款账户进行的。

法律法规

人民币银行结算账户管理办法

第三十三条　基本存款账户是存款人的主办账户。存款人日常经营活动的资金收付及其工资、奖金和现金的支取,应通过该账户办理。

二、一般存款账户

一般存款账户是存款人因借款或其他结算需要,在基本存款账户开户银行以外的银行营业机构开立的银行结算账户。

> ### 情景案例
>
> 　　出纳钱多多就职的公司在交通银行开立了基本存款账户，但有很多客户和供应商的开户行是中国工商银行，相互间跨行转账的时间长，还浪费手续费，所以对方希望钱多多提供一个中国工商银行账户。可是公司只能开立一个基本存款账户，钱多多该怎么办呢？

　　一般存款账户的主要用途之一是：针对跨行结算转账时间长、支付跨行转账手续费等问题而开立。

> ### 情景案例
>
> 　　出纳钱多多所在的公司在交通银行开立了基本存款账户，同时在中国农业银行申请了一笔贷款，中国农业银行柜员要求：公司应先在中国农业银行开立一个一般户，然后银行会将该笔贷款转入，并声明这样做是为了了解借款的使用情况。钱多多这才明白，原来银行借款是要通过账户进行管理的。

　　一般存款账户的另一种用途是：为了借款的需要而开立。

　　银行规定，一般存款账户用于办理存款人借款转存、借款归还和其他结算的资金收付。该账户可以办理现金缴存，但不得办理现金支取。

三、临时存款账户

　　临时存款账户是因存款人临时需要，并在规定期限内使用而开立的银行结算账户。实际工作中需要开立临时存款账户的情况主要有：设立临时机构、异地临时经营活动、注册验资（实务中还存在部分行业实行注册资本实缴登记制，需验资），其中最常见的临时存款账户就是企业成立时开立的验资户。

> ### 情景案例
>
> 　　出纳钱多多所在公司要新设一家子公司，去办理营业执照时工商局要求公司做好注资，请事务所出具验资报告。经咨询，钱多多得知，要先到银行开户，然后才能注资，但开什么户呢？是不是要开设前面所说的基本户？

　　验资是临时的行为,注资完毕后账户就无用途,所以要去银行开立临时存款账户。

　　临时存款账户可以办理银行收款、付款、存现、取现等各种类型的银行业务。其功能与基本存款账户几乎一样,唯一不同的是,临时存款账户的期限最长不能超过两年,而基本存款账户没有这条限制。但是,验资的临时户在注资期间只收不付,即只允许存入,不允许支取。

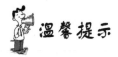

　　现在很多企业将注册验资完的临时存款账户直接转为基本存款账户。

　　临时存款账户在使用时需要延长期限的,在有效期限内可以向开户银行提出申请延期。

四、专用存款账户

　　专用存款账户是存款人按照法律、行政法规和规章,对其特定资金用途进行专项管理和使用而开立的银行结算账户。

　　专用存款账户主要是针对政府拨给的资金、金融类的专项使用、应交给政府的资金(社保、医保、住房公积金、党费等)、单位银行卡备用金四大块。

　　"非常之事,必待非常之人;非常之用,当开非常之户。"开立专用存款账户,能保证特定用途的资金专款专用,并有利于监督管理。

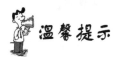

　　出纳遇问题时要灵活处理,学会咨询。出纳向银行进行咨询的方式主要有以下三种。

　　(1) 拨打银行客服电话进行咨询。中国工商银行为 95588、中国农业银行为 95599、中国银行为 95566、中国建设银行为 95533。

　　(2) 拨打具体支行的电话进行咨询。

　　(3) 到银行柜台进行咨询。

银行账户的类型及其特点可以总结为一首打油诗。

用银行,先开户,四大家庭有来路;

基本户,只一处,收支存取无约束;

一般户,不限数,收付存款禁取出;

临时账户临时出,收存转取两年黜;

专用户,特别故,专款专用须记住。

业务 12　银行账户管理

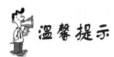

情景案例

　　出纳钱多多所在的公司更改名称,基本户开户行要求公司在 5 天内到银行办理账户变更。财务经理交代钱多多,让她去把银行账户及相关的变更信息办理一下。这让钱多多不知所措。

　　企业开立、相关信息事项的变更或注销,不但需要办理相关的工商和税务事项,还要做相应的银行账户事项的处理,我们将其称为银行账户管理。实务中,每家企业都会遇到银行账户的开立、撤销、变更等问题,因此银行账户的管理是出纳应掌握的业务技能之一。

温馨提示

　　必须先有银行账户的开立,才会有银行账户的变更和撤销。

一、银行账户的开立

（一）开立的基本要求

　　实务中,每家企业的设立按照要求都要到银行去开立相应的账户,以方便日后经济业务事项的展开。

　　(1) 办理日常结算、现金及员工薪金及奖金的支取,需要开立基本存款账户。

　　(2) 办理借款的转存和归还以及其他结算的资金收付,需要开立一般存款账户。

　　(3) 企业设立临时机构、异地临时经营活动、注册验资情况的,可以申请开立临时存款账户。

　　(4) 企业办理社会保障基金、住房基金、收入汇缴基金、业务支出资金等一些专用款项的收支,需要开立专用存款账户。

（二）开立的基本流程

　　作为出纳,不仅要懂得企业各银行账户的使用方法,还必须掌握该如何开立相关的银行账户。

企业开立基本存款账户的流程如下。

(1)填制开户申请书,同时向银行咨询开户所需的资料。

(2)向银行提供开户所需的证照资料。

(3)到开户银行及中国人民银行当地分支机构审核。

(4)办理开户,收到发放的开户许可证(见图 3-2)和退回的开户证照资料。

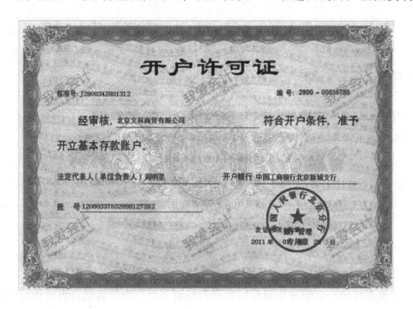

图 3-2　银行开户许可证

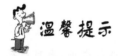温馨提示

其他账户需在开立基本存款账户的前提下开立,并携带开户许可证。

临时存款账户、专用存款账户的开立程序与基本存款账户相同;一般存款账户的开立与前三类账户的开立相比,更简单,只需由开户行审核就可以直接开户,开户后在中国人民银行备案即可。具体情况可以咨询开户银行。

不同银行开立不同账户的流程及所需要的材料略有差异,实际操作中可以直接到银行柜台进行咨询,也可以致电开户行或者登录银行网站进行查询。

二、银行账户的变更

（一）变更的情况

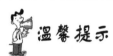 情景案例

我爱会计公司的经营规模不断扩大，公司的办公地点也发生了变化。总经理要求出纳钱多多去银行把银行账户信息进行变更。出纳不明白为什么要变更银行账户信息。

实务中，很多企业会像我爱会计公司一样，发生经营规模变大、办公地点搬迁等情况。此时，公司需要变更银行账户的相关信息。

凡是企业在开户时提交给银行的企业信息发生改变的，都要申请变更银行账户信息，如企业名称、企业法定代表人、基本存款账户、银行预留印鉴、公司地址等。

（二）变更的流程

出纳在处理银行账户的变更时，其基本操作流程如下。

（1）存款人到开户银行领取变更银行结算账户申请书（见图3-3）。

（2）存款人将填写完整并加盖单位公章的申请书及变更所需的资料交给开户银行。

（3）银行审核通过，银行账户变更完成。

温馨提示

银行账户变更所需的资料可以直接到银行柜台进行咨询，也可以致电开户行或者登录银行网站进行查询。

三、银行账户的撤销

（一）撤销的情况

情景案例

我爱会计公司从北京搬到了上海，但是基本户还在北京，日常取现无法办理。通过咨询银行柜台，钱多多了解到：要先把公司在北京的基本户撤销，然后在上海再开立一个新的基本户。

变更银行结算账户申请书

账户名称				
开户银行代码			账号	
账户性质	基本（　）一般（　）专用（　）临时（　）个人（　）			
开户许可证核准号				
变更事项及变更后的内容如下：				
账户名称				
地址				
邮政编码				
电话				
注册资金规模				
证明文件种类				
证明文件编号				
经营范围				
法定代表人或单位负责人	姓　名			
	证件种类			
	证件号码			
关联企业	变更后的关联企业信息填列在"关联企业登记表"中			
上级法人或主管单位的基本存款账户核准号				
上级法人或主管单位的名称				
上级法人或主管单位法定代表人或单位负责人	姓　名			
	证件种类			
	证件号码			
本存款人申请变更上述银行账户内容，并承诺所提供的资料真实、有效 存款人（签章） 年　月　日	开户银行审核意见： 经办人（签章） 开户银行（签章） 年　月　日		人民银行审核意见： 经办人（签名） 人民银行（签章） 年　月　日	

填写说明：

1. 存款人申请变更核准类银行结算账户的存款人名称、法定代表人或单位负责人的，中国人民银行当地分支行应对存款人的变更申请进行审核并签署意见。

2. 填表说明：带括号的选项填"√"（一式三联，两联开户银行留存，一联人民银行当地分支行留存）。

图 3-3　变更银行结算账户申请书

实务中，很多企业像我爱会计公司一样，由于办公地点发生变动，或者是由于其他原因，都需要对现有银行账户进行撤销。

实务中，需要将银行账户撤销的情况有以下几种。

（1）被撤并、解散、宣告破产或停业关闭的。

（2）由于时间关系必须终止账户使用的（如临时存款账户 2 年期满）。

（3）因迁址需要变更开户银行的。

（4）其他原因需要撤销银行结算账户的。

上述前两种情况可以归纳为"死亡"原因，第三种情况为迁址原因，第四种情况为其他原因。总结起来就是："死""迁"和其他。

（二）办理撤销的流程

出纳在办理银行账户撤销时，其基本的流程如下。

（1）存款人到开户银行领取撤销银行结算账户申请书（见图 3-4）。

撤销银行结算账户申请书

账户名称				
开户银行名称				
开户银行代码		账　号		
账户性质	基本（　）　专用（　）　一般（　）　临时（　）　个人（　）			
开户许可证核准号				
销户原因				
本存款人申请撤销上述银行账户，承诺所提供的证明文件真实、有效。 存款人（签章） 年　月　日		开户银行审核意见： 经办人（签章） 开户银行（签章） 年　月　日		

填表说明：

1．带括号的选项填"√"。

2．本申请书一式三联，一联存款人留存，一联开户银行留存，一联中国人民银行当地分支行留存。带括号的选项填"√"。

图 3-4　撤销银行结算账户申请书

（2）存款人将填写完整并加盖单位公章的申请书及相关资料送交开户银行。

（3）银行审核通过，账户撤销完成。

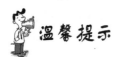

温馨提示

企业在办理银行账户撤销时，首先要同开户银行核对存贷款户的余额并结算全部利息，核对无误后开出支取凭证结清余额，同时将未用完的各种重要空白凭证交给银行注销，然后才可办理撤销手续。

另外，由于撤销账户单位未交回空白凭证而产生的一切问题应由撤销单位自己承担责任。

不同银行撤销不同账户的流程及所需要的材料略有差异。实际操作中可以直接到银行柜台进行咨询，也可以致电开户行或者登录银行网站进行查询。

四、常见实务问题及处理

1. **问**：如何选择基本存款账户的开户行？

答：选择基本户开户行时，应考虑以下几个因素。

（1）尽量选择距离公司比较近的银行来开户，这样办理一些具体业务的时候会比较方便快捷。

（2）考虑银行服务设施及服务项目是否先进、齐全，能否直接办理异地快速结算。

（3）考虑银行信贷资金是否雄厚，能否在企业困难时期提供一定的贷款支持。

2. **问**：能否将企业账户信息告知他人或出租、出借给个人或其他单位使用？

答：为了企业资金安全，出纳不得将银行结算账户出租、出借给个人或其他单位。

3. **问**：对于单位从其银行结算账户支付给个人银行结算账户的款项，金额上有什么规定？

答：《人民币银行结算账户管理办法》第四十条规定：单位从其银行结算账户支付给个人银行结算账户的款项，每笔超过 5 万元的，应向其开户银行提供相应的付款依据。因此，出纳在日常办理支付给个人的大额款项时，要先打电话给开户行，确认需要提供的资料，以免白跑一趟。

4. **问**：办理银行业务时，如果不懂得如何操作或者处理该怎么办？

答：如果具体办理业务的过程中有问题，一定要多和开户行沟通，有困难及时咨询开户行，可以同银行进行协商，让银行提供一些变通的方法。比如上门收取现金、非基本存款户办理小额现金支取等。

5. **问**：企业接到银行注销账户的通知后需要在几个月内去银行办理？

答：公司连续一年以上没有发生收付活动的账户，开户银行经过调查认为该账户无须继续保留，即可通知开户单位来银行办理销户手续，开户单位接通知后需要在 1 个月之内去银行办理。

6. **问**：企业被宣告破产后应于几日内向开户银行提出撤销银行结算账户的申请？

答：公司被撤并、解散、宣告破产或关闭的，应于 5 个工作日内向开户银行提出撤销银行结算账户的申请。

业务 13　申请贷款卡

情景案例

2012 年 3 月,公司出现了暂时的资金短缺问题,老总找财务经理商量如何解决此问题,财务经理提议找银行贷款,利息低、风险小,老总表示同意。商量完之后,财务经理直接到公司的开户行找客户代表进行申请。客户代表第一句话就问:"你们公司有贷款卡吗?"财务经理从没办过贷款业务,这下搞糊涂了……

贷款卡是中国人民银行发给注册地借款人的磁条卡,是借款人凭以向金融机构申请办理信贷业务的资格证明(见图 3-5 和图 3-6)。

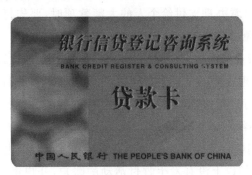

图 3-5　贷款卡(正面)

图 3-6　贷款卡(背面)

温馨提示

　　一家企业只可申领一张贷款卡，贷款卡的编码是唯一的，并且贷款卡不得出借、出租、转让、涂改和伪造。

　　企业除了办理贷款需要用到贷款卡外，办理其他的一些信贷业务也需要用到贷款卡，如办理承兑汇票、保函、授信等。因此，出纳应掌握贷款卡的申请及使用。

法律法规

中国人民银行贷款卡管理办法

　　凡需要向各金融机构申请贷款，办理承兑汇票、信用证、授信、保函和提供担保等信贷业务的企业法人、非企业法人、事业法人单位和其他借款人，均须向营业执照（或其他有效证件）注册地的人民银行各城市中心支行或所属县支行申请领取贷款卡。

一、申请贷款卡所需的资料

　　通常情况下，各地申办贷款卡需要提供的基本资料相同。不过，具体申请时，还要咨询下当地人民银行，以当地人民银行要求的资料为准。企业申请贷款卡时，应准备好相关文件材料，连同填妥的申请书送交人民银行审验。

　　申请贷款卡需向当地人民银行提供的资料包括下列四大类。

1. 本企业资格证明

　　本企业资格证明包括营业执照副本原件及正副本复印件、开户许可证的原件和复印件。

2. 个人资格证明

　　个人资格证明包括公司高管身份、学历证明材料复印件、经办人身份证复印件。如果不是法定代表人办理的，还要有法定代表人签署的委托授权书。

3. 财务状况证明

　　财务状况证明包括出资证明、投资情况证明和财务报表。

4. 股东及关联方证明

　　股东及关联方证明包括股东的身份证复印件、上级公司营业执照复印件或贷款卡编码、法人家族成员身份证复印件及家族企业营业执照复印件或贷款卡编码。

温馨提示

　　申请贷款卡需要提供的资料在各地可能有所区别，具体需要提供的资料请咨询当地人民银行。

　　根据中国人民银行总行授权，人民银行各城市中心支行及所属支行是贷款卡管理机关，负责发卡、延续和各项监督管理。

二、常见实务问题及处理

　　1. 问：公司去年1月份办的贷款卡，今年5月份要去银行申请办理银行承兑汇票，可是银行柜员却说没有年审，不能办理。贷款卡年审是什么？年审的流程是什么？

　　答：贷款卡每年都要进行年审，具体时间请咨询当地银行。如果参加人民银行组织的贷款卡年审工作，企业当年办理的贷款卡不用年审。

　　贷款卡年审的流程如下。

　　(1) 收到年审通告后，带上贷款卡到人民银行或基本账户开户行咨询贷款卡年审所需的资料和手续。

　　(2) 领取和填写《贷款卡年审报告书》。

　　(3) 在基本户开户行初审合格后，携带年审资料到当地人民银行进行年审。

　　(4) 年审通过后，持营业执照原件和经办人身份证到人民银行登记备案，领取已年审贷款卡和《准予延续行政许可决定书》。

法律法规

中国人民银行贷款卡年审公告

　　如果贷款卡没有经过年审，中国人民银行将对逾期不年审的贷款卡作暂停处理，金融机构不得对被暂停的贷款卡发生新的信贷业务。

　　贷款卡年审时，还有未还的贷款，必须让贷款行的信贷员签字或盖章。

　　2. 问：公司的单位名称变更了，贷款卡需要办理变更吗？

　　答：要变更。贷款卡变更的情况大致有以下几种。

　　(1) 企(事)业单位名称变更。

　　(2) 企(事)业单位法定代表人(或代理人、负责人)更换。

　　(3) 企业注册资本(包括非法人企业营运资金)变更。

（4）企（事）业单位法定地址迁移。

（5）企（事）业单位组织形式变更。

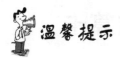温馨提示

当企业需要变更贷款卡时，应备齐资料，到中国人民银行在当地的支行办理信息变更业务。出纳应事前向人民银行咨询所需准备的资料。

3. 问：公司的贷款卡不小心丢失了，该如何办理挂失？

答：当企业的贷款卡遗失或被盗时，须及时持相关资料到中国人民银行当地的分行申请贷款卡挂失，然后上网下载《贷款卡挂失补办申请表》，备齐相关资料到中国人民银行在当地的支行办理贷款卡挂失补办业务。

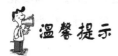温馨提示

各地办理贷款卡挂失补办业务所需准备的资料不完全一致，具体可向当地中国人民银行咨询。

4. 问：办理相关业务时该如何使用贷款卡？

答：企业在申请贷款、办理承兑汇票等业务时，需向银行提供贷款卡原件及复印件。

业务 14　申请单位结算卡

情景案例

　　出纳钱多多到一家连锁店找朋友李店长玩,正巧李店长要忙着银行柜台排队把现钞存入到公司账户上,再汇款到总公司,让钱多多等了两个小时。钱多多等李店长一回来,立即对她建议道:"你每天都要花两个小时汇划销售款,为什么不去银行办理一张单位结算卡,对公结算渠道多样、快捷省时。"

　　单位结算卡是面向广大企业客户提供的卡类支付结算介质,是集账户管理、现金存取、支付结算、投资理财、信息报告、客户识别等多功能为一体的新型结算工具。

一、认识单位结算卡

　　单位结算卡是面向银行单位客户发行,客户凭卡及密码(或密码和附加支付密码)可在银行营业网点柜面及 ATM、POS 机等自助渠道办理业务。

　　各大银行都可以办理单位结算卡(见图 3-7),虽然部分银行的名称不一样(如招商银行叫"公司一卡通"、工商银行叫"财智账户卡"),但其作用基本是一样的。

图 3-7　单位结算卡

单位结算卡的特色及表现见表 3-3。

表 3-3　单位结算卡的特色及表现

特　色	具体表现	说　明
1. 卡加密码认证，提供安全服务		通过卡片加密码的方式核实客户身份信息，并以芯片进行数据存储和加密、解密，与传统磁条卡相比可有效防止卡片信息被窃取或篡改
2. 支持银联通道，支付方式多样		可在全国任意带有银联标识的 ATM、POS 机办理取现及消费，实现跨行现金支取、刷卡消费等功能
3. 各种业务权限，灵活定制管理		可根据企业实际需求，确定每张卡的使用权限、应用渠道、支付额度、下挂账户额度、定向支付等权限，也可办理一户多卡等业务，满足企业对不同持卡人员的管理需要
4. 各类企业账户，一卡集中掌控		可集中掌控企业在银行开立的各类账户（如结算账户、投资理财交易账户等），即一卡多户业务，方便企业对全部类型的账户进行统一管理
5. 企业结算业务，7×24 小时服务		可在自助银行、网上银行、电话银行、POS 机等渠道实现 7×24 小时企业结算服务，为企业节省时间、提升效率

二、申请单位结算卡的条件与流程

（一）申请条件

申请办理单位结算卡的企业，需要在该行开立单位银行结算账户且年检合法有效，并同意使用密码办理支付结算等业务。

（二）申请流程

企业申请单位结算卡时需要经过三个步骤（见图 3-8）。

图 3-8 单位结算卡的申请流程

1. 申请

在银行开户的企业在申请办理单位结算卡时，需与开户行签订《单位结算卡使用协议》，并提供以下资料：法人授权委托书、《单位结算卡业务申请表》《单位结算卡关联账户申请表》、法定代表人或单位负责人身份证原件及复印件、持卡人身份证原件及复印件。

2. 领卡激活

银行审核申请资料无误后，企业会收到单位结算卡，需要激活才能使用。

3. 签约信息维护

企业在领卡激活后，可在开户网点申请办理结算卡基本信息、关联账户、交易对手、支付限额等签约信息维护。

企业在完成以上三步骤后，就可以凭单位结算卡在银行各营业网点柜面、ATM机等自助渠道办理现金存取、转账汇兑等支付结算业务，也可通过 POS 机进行消费，实现 7×24 小时办理支付结算业务。

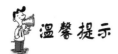

各大银行的申办条件、资料、流程都会有所不同，企业在办理单位结算卡时，可先拨打相关银行客服电话咨询，也可向银行的大堂经理或客户经理咨询。

三、常见实务问题及处理

1. 问：一张单位结算卡能关联多少个主账户和子账户？

答：一张单位结算卡只能且必须关联一个主账户。确定主账户后，可根据需要关联多个子账户。

2. 问：一家企业能办多少张单位结算卡？

答：企业可根据需要申请若干张单位结算卡，但必须为每张卡指定一名持卡人，该持卡人可持卡办理企业授权的一切业务。

3. **问**：非持卡人本人的其他经办人可以持卡办理单位结算卡的相关业务（存取现及转账汇兑业务除外）吗？

答：非持卡人本人的其他经办人持卡办理单位结算卡的相关业务（存取现及转账汇兑业务除外）时，需由企业出具《单位结算卡法人授权委托书》，对相关事项进行授权后方可办理。

4. **问**：企业领卡激活后没有修改过初始密码，可以办理取款业务吗？

答：不可以。企业领卡激活后需在柜台修改初始密码，初始密码未经修改只能办理存款业务。

5. **问**：企业申请办理子卡及进行子卡相关签约信息维护时需要出示主卡吗？

答：要。企业申请办理子卡及进行子卡相关签约信息维护时，必须出示主卡。

6. **问**：单位结算卡的哪些业务必须是在柜台办理？

答：卡申请、领卡激活、签约维护、密码解锁/重置、卡片挂失及换卡、卡片损坏及换卡、销卡（停用）、回单打印等业务必须在主账户开户行（即"开卡行"）柜台办理。

第四篇

银行结算业务

能 力 目 标

- 熟练掌握转账支票的使用；
- 熟练掌握银行本票的使用；
- 熟练掌握电汇结算的使用；
- 熟练掌握银行汇票的使用；
- 熟练掌握银行承兑汇票的使用；
- 熟练掌握网银结算；
- 熟练掌握支付宝和微信支付的使用；
- 熟练掌握银行存款日记账的登记。

　　虽然银行结算有很多的好处，但要真正精通银行结算并不是一件轻松的事情。银行结算的方式多种多样，需要根据不同的情况认真选择（见图 4-1）。

图 4-1　银行结算方式的选择

　　银行结算是指通过银行账户的资金转移所实现收付的行为,即委托银行将款项从付款单位存款账户划出,转入收款单位存款账户,以此完成债权债务的清算或资金的调拨。例如,企业开具转账支票,委托银行将款项转给其他企业,或是企业收到银行汇票,去银行办理进账,这些都属于银行结算,是出纳日常工作的重要组成部分。

 业务要点

　　银行结算业务按使用范围进行划分,分为同城、异地和通用。此外,出纳处理完当天的业务还要进行银行存款日记账的登记等工作。

　　1. 同城

　　同城结算方式主要包括转账支票和银行本票。转账支票在同城结算中使用较多。

　　2. 异地

　　异地结算方式主要包括电汇和银行汇票。电汇在异地结算中使用较多。

　　3. 通用

　　通用结算方式主要包括银行承兑汇票、网上支付、支付宝和微信支付。银行承兑汇票在工商业企业中十分常见,能在很大程度上减少企业对资金的占用与需求。

　　4. 银行存款日记账

　　出纳处理完当天的银行结算业务,要及时登记银行存款日记账,做到日清,同时还需将当天收到的相关单据及时提交给会计做账。

　　本篇的业务要点和知识要点见表 4-1。

表 4-1　业务要点和知识要点

能 力 要 点	业 务 要 点	知 识 要 点
银行结算业务	同城	转账支票
		银行本票
	异地	电汇
		银行汇票
	通用	银行承兑汇票
		网上支付
		支付宝和微信支付
	银行存款日记账	银行存款日记账

 **重点难点**

　　本篇的重点难点见表 4-2。

表 4-2　重点难点

业 务 目 标	重点难点	学 习 重 点	建议学时
转账支票	重点	签发、收到转账支票	2 课时
银行本票		银行本票结算流程	1 课时
电汇	重点	电汇结算使用流程	1 课时
银行汇票	重点、难点	银行汇票使用流程	2 课时
银行承兑汇票	重点、难点	银行承兑汇票使用流程	3 课时
网上支付		网上支付的操作流程	1 课时
支付宝和微信支付		支付宝和微信支付的使用	1 课时
银行存款日记账		登记银行存款日记账	1 课时
合　　计			12 课时

业务 15　转账支票

情景案例

钱多多刚进公司不久，只办理过取现、报销等业务，今天财务经理让她给同城的一家客户转 25 万元。钱多多心想："转"应该是使用转账支票。于是，立即填写好一张转账支票，然后交给相关的银行预留印鉴的保管人员审核、盖章，最后转账成功了。财务经理很快接到对方公司电话告知款项已到账，于是财务经理表扬了钱多多此次工作的高效性。

实务中，企业在生产经营活动中发生的同城采购业务经常以转账支票进行结算。转账支票是出纳办理同城结算业务时最经常使用的结算方式之一。

转账支票是出票人签发给收款人办理结算或委托开户银行将款项支付给收款人的票据，也是出票人开出的付款通知。

一、认识转账支票

（一）转账支票票样

转账支票同现金支票一样，有正面和背面，正面分为左右两部分，左部分为存根联，右部分为正联，也称支票联（见图 4-2）；转账支票的背面有两栏，左栏是附加信息，右栏是背书人及被背书人的签章项目，说明可以转让（见图 4-3）。

图 4-2　转账支票（正面）

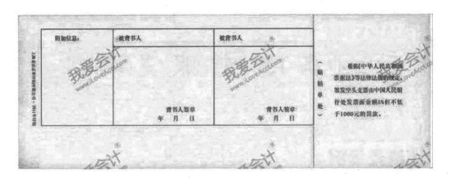

图 4-3　转账支票（背面）

（二）转账支票与现金支票的异同

转账支票与现金支票的异同见表 4-3。

表 4-3　转账支票与现金支票的异同

共同点		① 票据的样本都是一样的，有正面和背面，正面的左部分为存根联，右部分为正联（支票联） ② 付款期限都是自出票日起 10 日内 ③ 票据的填写要素基本上一致
不同点	① 票样	转账支票背面有背书人及被背书人签章项目，说明可以进行转让 现金支票背面只有收款人签章及身份证明，说明不能进行转让
	② 盖章	开具出去的转账支票的背面不需要再加盖银行预留印鉴 现金支票若为企业取现的，应在背面盖上银行预留印鉴
	③ 进账单	开具转账支票去银行办理转账需要填写进账单，而现金支票不需要

二、开具转账支票

开具转账支票的流程见图 4-4。

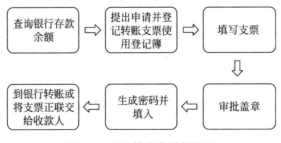

图 4-4　开具转账支票的流程

（一）查询银行存款余额

 **情景案例**

> 出纳钱多多早上因为付款匆忙,开出转账支票时忘记先查询银行存款余额,等她把填好的支票交给财务经理盖章时,财务经理问她:"我们账户上钱还够不够?"钱多多心里猛地一紧,糟了,忘了查询!为了不挨骂,她赶紧掩饰说:"查过了,够付款的。"等盖完章,钱多多赶紧回去查询账户的余额,还好,够付支票款,要不然如果当作空头支票被罚款,自己肯定没好果子吃。

开具转账支票时必须保证公司银行账户的存款余额不小于支票的金额,防止签发空头支票。

法律法规

票据管理实施办法

第三十一条　签发空头支票的,不以骗取财物为目的的,由中国人民银行处以票面金额5%但不低于1000元的罚款。持票人有权要求出票人赔偿支票金额2%的赔偿金。

（二）提出申请并登记转账支票使用登记簿

转账支票使用前应先在转账支票使用登记簿上登记基础信息。

 **情景案例**

> 易通网络有限公司因"屡次开具空头转账支票"而被中国人民银行处以3万元的罚款,同时并处1.8万元的赔偿金偿付给支票收款人。然而,实际上这个"屡次开具空头支票"的行为是因为该公司开具支票的人没有查询银行存款余额而错开,并且该公司也没有对支票的开具进行有效的登记管理,导致了错开后找不到责任人。

实际工作中,无论是领用现金支票还是转账支票,无论自己还是他人领取,一定要及时登记支票使用登记簿。这样做是为了加强对支票的管理。通过支票使用登记簿上的连号登记,就能监控到每一张支票的领用和使用情况。

登记转账支票使用登记簿时，应填写的主要内容有：日期、支票号码、领用人、金额、用途、备注等（见图 4-5）。

转账支票使用登记簿

日期	购入支票号码	使用支票号码	领用人	金额	用途	备注
20　年09月08日		20810222	吕春香	￥34000.00	支付货款	
20　年09月09日		20810223	吕春香	￥11700.00	预付货款	
20　年09月10日		20810224	吕春香	￥23700.00	支付货款	
20　年09月11日		20810225	吕春香	￥44460.00	支付货款	

图 4-5　转账支票使用登记簿

（三）填写支票

转账支票的填写同现金支票一样，要求非常严格。填写转账支票的基本要求如下。

（1）签发支票应使用碳素墨水或墨汁。

（2）大小写金额必须一致，不得涂改。

（3）字迹应清晰工整，不得涂改。

正联上的日期要使用大写，金额填写应符合要求，收款人应为收款单位全称。

存根联上填写主要信息，如金额、公司、日期等。存根联上的填写要求相对没那么严格，只需把主要的信息填写清楚即可。如金额日期都用小写，公司名称写简称即可。

转账支票填写的样本见图 4-6 和图 4-7。

图 4-6　转账支票（正面）填写样本

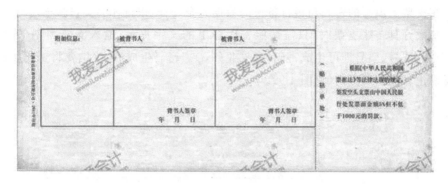

图 4-7　转账支票(背面)填写样本

(四)审批盖章

填写完转账支票,需要找相关的银行预留印鉴的保管人员盖上银行预留印鉴。

转账支票正联上应盖上公司的银行预留印鉴。盖印鉴时,必须使用跟预留印鉴颜色一样的印泥,印章必须清晰(见图 4-8)。

图 4-8　加盖银行预留印鉴的转账支票

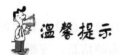温馨提示

　　盖章前,先在其他纸上试盖;盖章时最好用本书垫在下方,这样盖章会更清晰。很多银行规定,印章模糊只能将本张支票作废,换一张重新填写、重新盖章。有些银行可以允许印鉴作废一次,在空白处再盖一次,但必须清晰可见,不能与原印记有任何重叠。出纳在盖印章时一定要遵从银行规定。

(五)生成密码并填入

支付密码器是银行为了进一步加强票据的风险控制而设置的最后一道防线。

只有在支票上填写的密码与银行备份的数据完全一样，银行才会支付款项。

每次开具转账支票时，只需按照密码器上的文字提示，输入支票类型、开票日期、金额、账号、票号即可生成密码（参见业务 5）。密码生成后，出纳要将密码填到转账支票正联的密码区内（见图 4-9）。

图 4-9　填入密码的转账支票

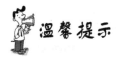

　　转账支票上的 16 位号码中，前 8 位为银行代码，后 8 位为转账支票的流水号；在使用支付密码器时，凭证号码应输入后 8 位流水号。

（六）到银行转账或将支票正联交给收款人

出纳可携带开具好的转账支票到银行办理转账，也可直接将转账支票的正联交给收款人，由收款人自己到银行办理。以下我们以到银行办理转账为例详细介绍。

出纳到银行办理付款，只凭一张转账支票的信息是不全的，银行没法办理转账业务，这时需要一张辅助单据——进账单。

进账单能够将出票人和收款人的全称、账号及开户银行的信息及两者间的结算金额关系等方面都予以记载，能够给银行办理转账提供全面的信息。进账单一般为一式三联，第一联为回单联，是持票人的回单；第二联为贷方凭证联，由收款人的开户银行留存；第三联为收账通知联，由收款人留存作为入账凭证。下面我们以交通银行的进账单为例进行讲解（见图 4-10）。

　　并不是所有的进账单都同交通银行的一样，但其所包含的内容基本相同，实务工作中应根据银行的具体情况进行填写。

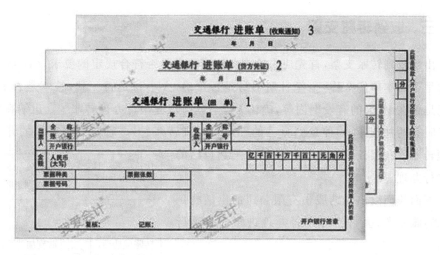

图 4-10 进账单

进账单的填写应根据收付双方的信息,将收款方及付款方的相关信息填写清楚。

进账单填写包括日期,出票人和收款人的信息,金额大小写,票据种类、张数、号码等。

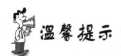温馨提示

实务中,银行对票据种类、张数、号码的填写没有强制性的要求,因此可以不填写。

出纳将填好的进账单和转账支票正联一起交给银行柜员办理,银行办理完毕后,出纳会收到加盖银行章的进账单回单联(见图 4-11)。

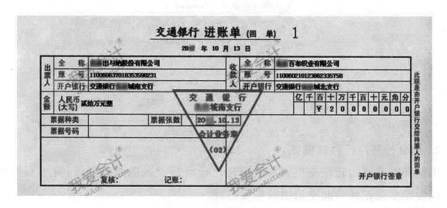

图 4-11 进账单回单联

三、收到转账支票

出纳收到转账支票,首先应先检查各填写项目是否符合规定的要求,如：收款人名称是否为本单位全称,金额日期书写是否正确,大小写是否一致,签章是否清晰,日期是否在 10 天的有效期内等,确认无误后就可以去银行办理转账了。出纳在办理转账时有两种选择,一种是到自己的开户行办理转账;另一种是到付款人的开户行办理转账。在实务工作中比较常见的是到自己的开户行办理。

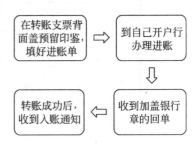

图 4-12　收账流程图

下面我们以出与纳股份有限公司的出纳收到一张转账支票,去自己开户行办理进账为例进行介绍。

出纳到自己的开户银行办理进账的流程见图 4-12。

1. 在转账支票背面盖预留印鉴,填好进账单

出纳拿到转账支票正联,检查无误后,应找银行预留印鉴的保管人员在转账支票背面加盖公司的预留印鉴。

办理进账时,需在转账支票背面的背书人签章处盖上银行预留印鉴。盖印鉴时,必须使用跟预留印鉴颜色一样的印泥,印章必须清晰(见图 4-13)。

图 4-13　转账支票(背面)

2. 到自己开户行办理进账

出纳拿着盖好的转账支票到自己的开户行填写进账单办理进账,将填写好的进账单同转账支票正联一起交给银行柜员办理。

3. 收到加盖银行章的回单

银行审核无误后,在进账单回单联上签章,然后退还给出纳(见图 4-14),表示该项业务银行已经受理,但是并未完成收款任务。

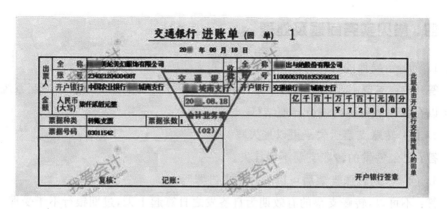

图 4-14　进账单回单联

4. 转账成功后，收到入账通知

银行收到支票款，将款转到公司账户，同时将加盖收款印章的入账通知交给公司（见图 4-15）。

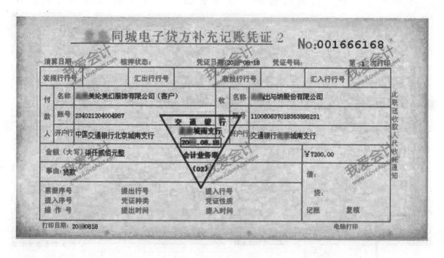

图 4-15　入账通知

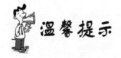 温馨提示

实务中，企业收到转账支票还可以到出票人的开户银行办理进账，同样要填写进账单，只是不用在转账支票的背面盖自己的预留印鉴。这种处理方式采用者少。出纳具体选择哪种收款方式，要根据当地银行有关规定进行选择。

四、常见实务问题及处理

1. **问**：给异地的客户转账可以使用转账支票吗？

答：转账支票主要用于同城结算，但是部分银行采用银行支票影像交互系统后，也可以在其覆盖范围内进行异地结算。

2. **问**：转账支票遗失了可以挂失吗？

答：已经签发的转账支票不得挂失。

3. **问**：收到转账支票后可以隔月再去进账吗？

答：不可以，转账支票的有效期为自签发之日算起十天，过期银行不予受理。

 **法律法规**

中华人民共和国票据法

第九十一条　支票的持票人应当自出票日起十日内提示付款。超过提示付款期限的，付款人可以不予付款；付款人不予付款的，出票人仍应当对持票人承担票据责任。

4. **问**：出纳不小心将转账支票的日期写错了，可以涂改吗？

答：不可以，转账支票日期填错了，不能涂改，必须作废。

开具转账支票在填写或盖章有错误时，都必须作废，在转账支票上面加盖"作废"章（见图4-16），然后重新开具。

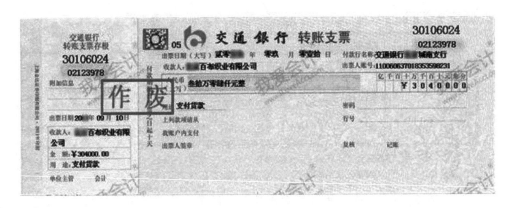

图 4-16　转账支票（作废）

转账支票作废时，出纳应将作废的转账支票正联和存根联合在一起保管，同时要在转账支票使用登记簿上注明作废（见图4-17）。

转账支票使用登记簿

日期	购入支票号码	使用支票号码	领用人	金额	用途	备注
20　年09月03日		02123972	吕春香	￥10000.00	支付货款	
20　年09月04日		02123973	吕春香	￥3200.00	支付货款	
20　年09月05日		02123974	吕春香	￥50000.00	预付货款	
20　年09月07日		02123975	吕春香	￥26400.00	支付货款	
20　年09月08日		02123976	吕春香	￥124800.00	支付工资	
20　年09月09日		02123977	吕春香	￥90900.00	预付货款	
20　年09月10日		02123978	吕春香	￥30400.00	支付货款	作废

图 4-17　转账支票使用登记簿（作废登记）

温馨提示

　　转账支票加盖作废印章时，应盖在支票联与存根联的骑缝线上。

业务 16   银 行 本 票

情景案例

　　出纳钱多多来到财务经理办公室："经理,昨天开了银行本票给供货商后,他们一收到就马上帮我们办理了提货。银行本票真是好用啊!"财务经理说："是的。不过使用银行本票也存在一定的局限性,比如它只能在同城使用,企业不能开给个人等。"钱多多说："还有这样的规定啊,真长见识了。"

　　银行本票可以用于转账,也可以用于取现。由于有了存入票款的保证,收款人收到银行本票后,可立即办理转账或取现,无须担心空头的问题,不仅易为人所接受,而且便于同城间的大额支付结算。

一、认识银行本票

　　银行本票是由本票申请人将票款存入银行,由银行签发给申请人用于支付结算,并保证在签发后 2 个月内见到本票无条件支付票款的商业票据(见图 4-18)。

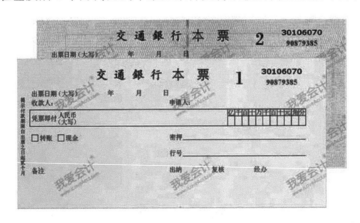

图 4-18　银行本票

　　银行本票适用于单位、个体经济户和个人,在同城范围内的商品交易、劳务供应以及其他款项间的结算。

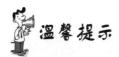

温馨提示

银行本票分为定额本票和不定额本票。实务中,不定额本票使用比较普遍,其中定额银行本票面额为 1000 元、5000 元、10000 元和 50000 元。

二、支付环节

(一)申请

企业在使用银行本票支付货款时,需先向银行申请才可以使用。申请银行本票的流程见图 4-19。

图 4-19　申请银行本票的流程

1. 填写申请书

出纳申请银行本票,首先要填写银行本票申请书。以交通银行为例,其银行本票申请书为结算业务申请书(见图 4-20)。

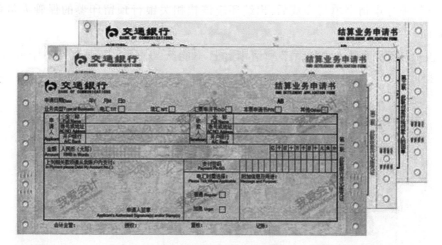

图 4-20　结算业务申请书

出纳在填写交通银行的结算业务申请书时,应注意申请日期、业务类型、申请人信息、收款人名称和金额的大小写等(见图 4-21)。

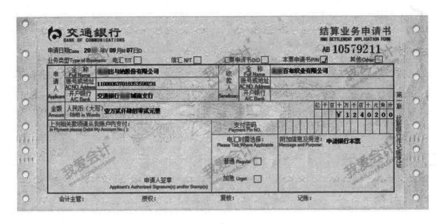

图 4-21　结算业务申请书的填写

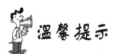 温馨提示

　　不同银行的银行本票申请书的格式不大一样，申请规定也不尽相同。有的银行在申请时还要开具转账支票、填写进账单。具体请根据申请银行的规定进行办理。

2. 审核盖章

　　结算业务申请书填写完成后，出纳还应该找相关银行预留印鉴的保管人员审核盖章。

　　盖银行预留印鉴时，印章必须清晰并且不能交叉重叠，否则银行不予办理（见图 4-22）。

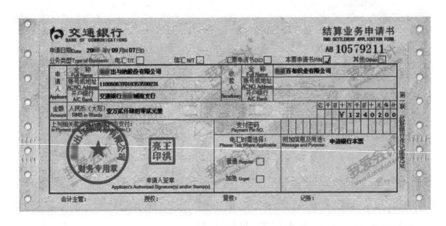

图 4-22　盖章后的结算业务申请书

3. 生成并填写密码

结算业务申请书填写完后,交通银行需要使用支付密码器生成密码,并填入支付密码区内。密码器的使用方法与支票类似,但是不必像使用支票一样,等到了银行之后才填写支付密码。

支付密码器操作的方法同支票一样,只不过在选择业务的类型时不同,交通银行使用的申请书是结算业务申请书,其在选择业务类型时,是选择"其他",然后输入日期、凭证号码及金额,再次确认后,将生成的密码填到支付密码区内(见图4-23)。

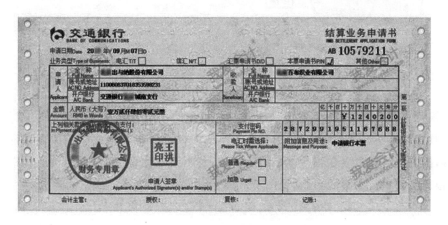

图 4-23　填入密码的结算业务申请书

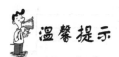 温馨提示

不同银行的本票申请书的格式是不一样的,有的需要填写支付密码,有的不需要。具体请根据银行的相关规定进行办理。

4. 银行办理

出纳办理完申请书填写、盖章等手续后,就可以将银行本票申请书提交给银行办理了。银行柜员根据本票申请书上面的信息直接打印银行本票给出纳,出纳需在银行本票的卡片联上加盖银行预留印鉴。

加盖银行预留印鉴时,印章必须清晰不得涂改,否则银行不予办理(见图4-24)。

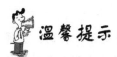 温馨提示

实务中,申请银行本票时,需要带上相关的银行预留印鉴。因此,办理银行本票不是出纳自己一个人能完成的。签发银行本票不需要出纳填写,银行会直接打印,具体请咨询办理银行。

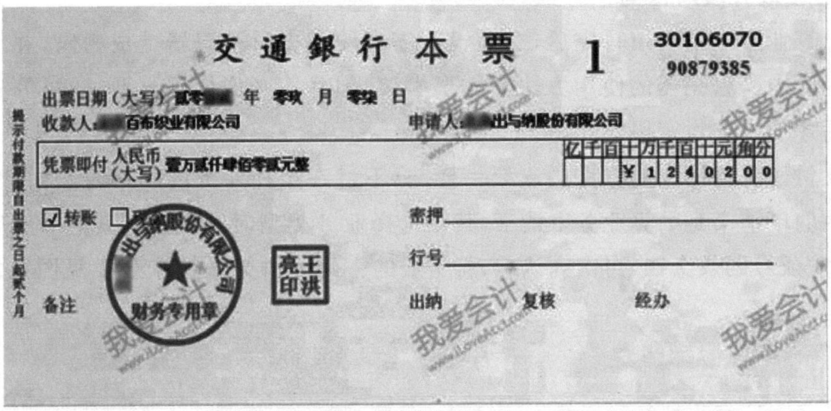

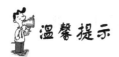

图 4-24   银行本票（卡片联）

银行审核无误后，就会划转款项并收取相关的手续费及工本费（见图 4-25），然后开具银行本票。开具完成后，银行会让申请人在银行本票卡片联上加盖银行预留印鉴，同时银行柜员会在银行本票的正联盖上"本票专用章"和银行柜员的私章。最后，银行会将银行本票的正联（见图 4-26）交给出纳用于结算。

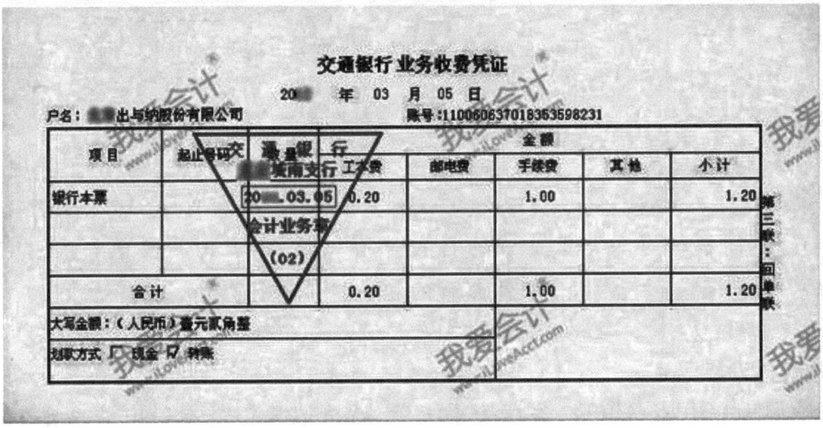

图 4-25   收费凭证

温馨提示

不同银行申请银行本票，收取的工本费及手续费是不一样的。交通银行的工本费是 0.2 元/张，手续费是 1 元。具体情况请办理业务时向银行询问。

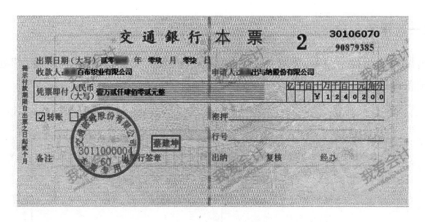

图 4-26　银行本票（正联）

（二）支付款项

出纳拿到银行本票的正联，经审核无误后，可以直接将本票交给供应商用来支付货款，也可以交给采购人员，用于采购材料。

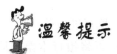温馨提示

出纳拿到银行本票时，应先将本票复印两份，一份交予会计做账使用；一份出纳自己留存。原件用于支付货款。

三、收到环节

出纳收到银行本票，首先要审核银行本票。主要审核内容如下。

（1）收款单位是否为本单位。

（2）银行本票上的专用章是否清晰。

（3）银行本票是否在付款期内。

（4）银行本票中的各项内容是否符合规定。

出纳收到银行本票，审核无误后，就可以到银行提示付款、办理收款，也可以直接背书转让给他人。

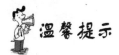温馨提示

与申请银行本票一样，出纳收到银行本票，审核无误后，应将本票复印两份，一份自己保管；一份移交会计做账。使用原件到银行办理进账或背书转让。

（一）提示付款

出纳向银行提示付款，需在银行本票背面"持票人向银行提示付款签章"处加盖银行预留印鉴（见图4-27）。

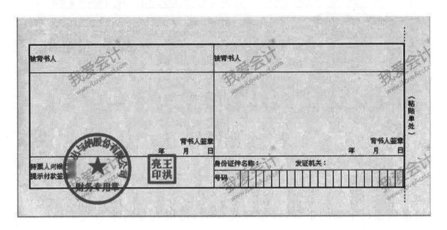

图4-27　加盖银行预留印鉴的银行本票（背面）

出纳找相关领导盖上银行预留印鉴，去银行办理进账需填写进账单。

出纳根据银行本票上面的信息填写进账单（见图4-28），再将银行本票连同进账单一并提交给银行。

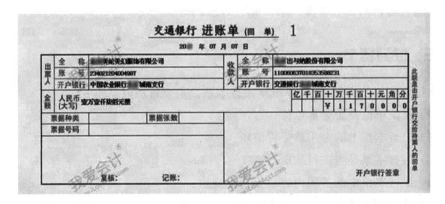

图4-28　进账单

 温馨提示

出纳收到银行本票，审核无误后，就可以到自己的开户行办理收款，也可以到出票人的开户行办理收款。一般来说，出纳会到自己的开户行办理。

银行审核无误后，会马上办理，并将加盖银行章的进账单回单交给出纳（见图 4-29）。

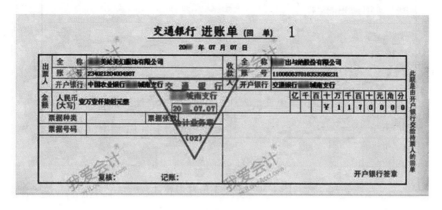

图 4-29　进账单（回单）

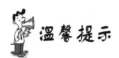

　　出纳持银行本票办理进账时，银行须见票立即办理，不过到账需要一定的时间。

　　实务中，填写银行本票进账单时，有关出票人的信息填写方式有很多种，有的需要填写，有的不要求填写。具体请根据银行的相关规定进行办理。

（二）银行本票背书转让

银行本票背书是由持票人在本票背面"背书"栏内背书，加盖本单位预留的银行印鉴，在"被背书人"栏内填写受让人名称，并将本票交付给受让人的行为。这里的持票人称为背书人，受让人称为被背书人，背书人是被背书人的债务人，被背书人是背书人的债权人。

背书时，出纳要在银行本票背面"被背书人"处填写收款人的名称，然后在"背书人签章"的方框内盖上银行预留印鉴，并标明背书的时间（见图 4-30），最后再将银行本票交给收款人。

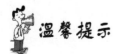

　　银行本票是见票即付的，因此实务中一般不会出现背书的情况。具体请根据公司的业务需要进行处理。

　　银行本票在办理背书转让业务时，背书时间可写可不写。

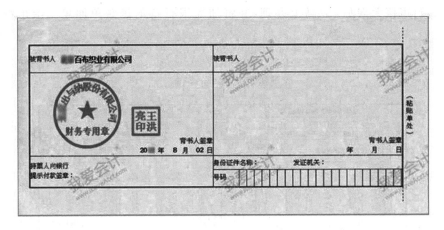

图 4-30　银行本票背书转让

四、常见实务问题及处理

1. 问：我能给异地的供货商申请银行本票吗？

答：不能。银行本票适用于同城结算。

2. 问：银行本票的提示付款期限是多久？

答：银行本票的提示付款期限最长不超过 2 个月，逾期兑付银行不予受理。

3. 问：银行本票丢失可以办理挂失吗？

答：持票人因银行本票丢失，可向出票行申请办理协助防范。现金银行本票可办理挂失，失票人凭人民法院出具的其享有票据权利的证明，向出票银行请求付款或退款。因为转账本票不能直接办理挂失，所以要先到人民法院提起公示催告。

4. 问：公司能申请银行本票给个人供应商吗？

答：不能。申请开给个人的银行本票，申请人和收款人必须同为个人。

温馨提示

当申请人或收款人为个人时，申请的银行本票为现金本票。

现金本票可用于取现，但不得进行背书转让。

业务 17 电 汇

企业日常支付异地款项，最常用的是电汇方式。电汇是汇兑结算方式的一种，是指汇款人将一定款项交存汇款银行，汇款银行通过电报或电传给目的地的分行或代理行（汇入行），指示向收款人支付一定款项的一种汇款方式。电汇是出纳日常工作中最常见的业务之一，也是出纳应该掌握的最重要的业务之一。

一、认识电汇单

"耕田用牛，开沟用锹"，每一种银行结算方式肯定都有一种相应的结算单据。用于电汇业务的单据便是电汇凭证。不同的银行有不同的电汇凭证样式（见图 4-31 和图 4-32）。

下面就以交通银行的电汇凭证为例进行说明。交通银行的电汇凭证是一式三联的结算业务申请书（见图 4-33），第一联为付款银行留底，第二联为收款银行留底，第三联是付款银行给付款人的回单。

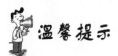

温馨提示

实务工作中，有些银行的电汇凭证是免费领取的，具体请咨询当地银行。

ICBC 中国工商银行

业务委托书 APPLICATION FOR MONEY TRANSFER 豫B 00265926 委托日期 Date 年 月 日

业务类型 Type □现金汇款 Cash Remittance □转账汇款 Transfer Remittance □汇票申请书 D/D □本票申请书 P/D □其他 Others

委托人 Principal：全称 Full Name；账号或地址 Account No. or Add；开户行名称 Account Bank Name

收款人 Payee：全称 Full Name；账号或地址 Account No. or Addr.；开户行名称 Account Bank Name

汇款方式 Type of Remittance □普通 Regular □加急 Urgent 加急汇款签字 Signature For Urgent Payment

开户银行 Account Bank 省 Province 市 City

币种及金额（大写）Currency and Amount in Words　亿 千 百 十 万 千 百 十 元 角 分

用途 In Payment of　支付密码 S.C.

委托人确认上列委托信息填写正确，且已完全理解和接受背面"客户须知"的内容。上列款项及相关费用请从委托人账户内支付。

委托人签章 Principal Signature and/or Stamp

银行填写 Bank Use □联动收费 □非联动收费 □不收费　备注：Remarks

受理（扫描）：　审核：

正联（2010）First Page　210×150mm

ICBC 中国工商银行　业务委托书 回执　豫B 00265926

委托人全称；委托人账号；收款人全称；收款人账号；金额；委托日期

此联为银行受理通知书。若委托人申请汇票或本票业务，应凭此联领取汇票或本票。

This paper is the bank acceptance advice. For draft or promissory note application, please return this paper.

图 4-31　中国工商银行的电汇凭证

中国农业银行 AGRICULTURAL BANK OF CHINA　结算业务申请书 RMB SETTLEMENT APPLICATION FORM　XⅦ 0082519629

申请日期 Date　年 Y　月 M　日 D

客户填写 For Customer Use

业务类型 Type □电汇 T/T □信汇 M/T □汇票 D/D □本票 P/N □其他 Others　汇款方式 Type of Remittance □普通 Normal □加急 Urgent

申请人 Applicant：全称 Full Name；账号或地址 A/C No.or Address；开户行名称 Account Bank Name

收款人 Payee：全称 Full Name；账号或地址 A/C No.or Address；开户行名称 Account Bank Name

金额（大写）人民币 Amount in Words RMB　亿 千 百 十 万 千 百 十 元 角 分

上列款项及相关费用请从我账户内支付 The above remittance and related charges are to be drawn on my account.

申请人签章 Applicant Signature and/or Stamp

支付密码 S.C.

附加信息及用途：Message and Purpose

银行打印 For Bank Use

第一联 记账联

190×125mm

会计主管：　复核：　记账：

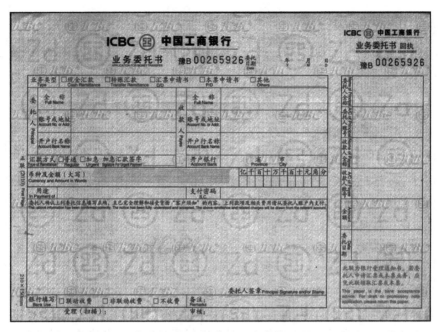

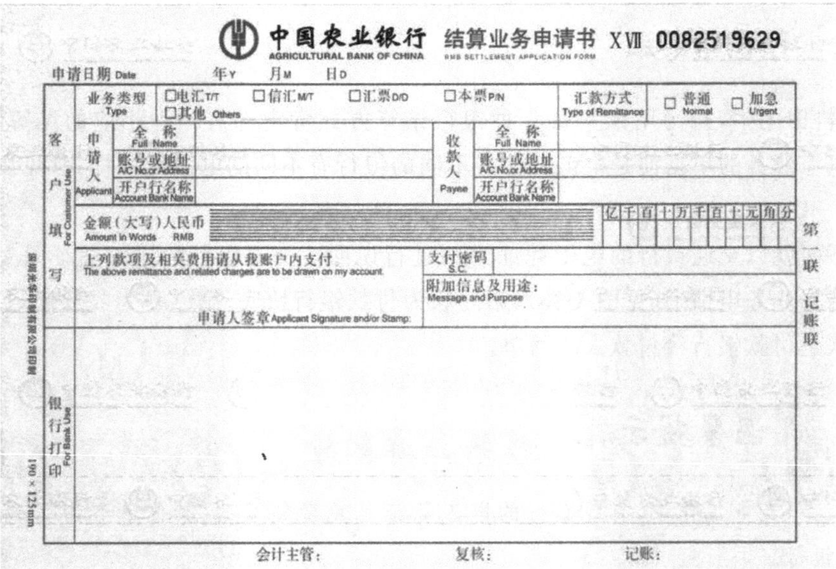

图 4-32　中国农业银行的电汇凭证

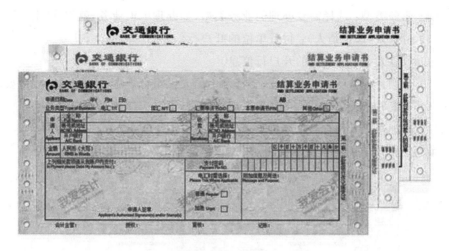

图 4-33　交通银行的结算业务申请书

二、电汇支付

（一）电汇支付流程

企业使用电汇支付货款的流程见图 4-34。

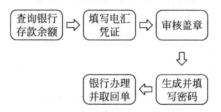

图 4-34　企业使用电汇支付货款的流程

1. 查询银行存款余额

在办理电汇业务前,要先查询银行的存款余额是否足够支付,如果银行存款余额不足,银行将不予受理。为了保证电汇业务高效、顺利地完成,应先查询一下银行存款余额。

2. 填写电汇凭证

使用转账支票时,如果不是直接帮对方进账,只要把对方公司的全称填写在支票收款人处就行,而不用去管对方的账号和开户银行信息。但是使用电汇结算不同,一定要先获取对方的账号和开户银行才能办理。因此,出纳在使用电汇结算时,首先要做的就是获取对方的账号和银行信息。

出纳在填写电汇单时应注意以下几方面的内容。

（1）日期:使用小写。

（2）业务类型：选择需要办理的业务类型，如办理电汇业务，就勾选"电汇"。

（3）付款人（即申请人）：付款单位的开户行信息。

（4）收款人：收款单位的开户行信息。

（5）金额：大小写金额要一致，要符合中国人民银行规定的票据填写规范要求。

（6）电汇时选择的方式：在办理电汇业务时，可以选择普通或加急。

（7）附加信息及用途：可填可不填。

填写后的结算业务申请书见图 4-35。

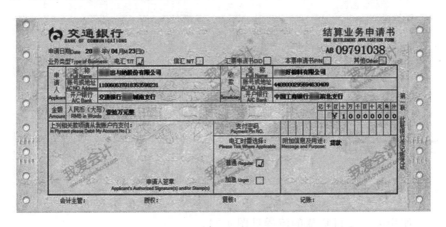

图 4-35　填写后的结算业务申请书

温馨提示

　　电汇凭证如果填错了，可以直接撕毁丢弃，然后重新填写一份即可。一般情况下，电汇凭证只能填写电汇当天的日期，如果出纳将日期提前写好，很多银行将不会受理。

3. 审核盖章

出纳填写完电汇凭证后，应交给相关的人员审核并加盖银行预留印鉴。

加盖银行预留印鉴时，印章必须清晰并且不能交叉重叠（见图 4-36），否则银行不予办理。

4. 生成并填写密码

结算业务申请书密码器的使用方法与支票类似，但是不必像支票一样，等到了银行之后才填写支付密码。结算业务申请书上的密码，用支付密码器生成后直接填入即可。

支付密码器的操作方法同支票一样，只不过在选择业务类型时不同，交通银行使用的电汇凭证是结算业务申请书，其在选择业务类型时，应选择"其他"，然后输入

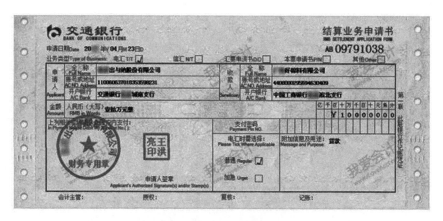

图 4-36 加盖银行预留印鉴章后的结算业务申请书

日期、凭证号码及金额，再次确认后，将生成的密码填到支付密码区内（见图 4-37）。

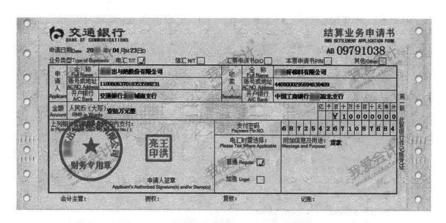

图 4-37 填入密码的结算业务申请书

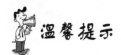 温馨提示

因为电汇的收款人和金额都已经确定了，所以不必像支票一样到银行柜台再填写密码。

5. 银行办理并取回单

出纳将电汇的办理手续准备完毕后，就可以带上电汇单去银行办理了。

银行柜员收到电汇凭证后，会在电汇凭证上盖章。银行柜员受理完该业务后，会将结算业务申请书的第三联（付款行给付款人的回单）退还给出纳（见图 4-38）。

付款行把款汇到收款人的银行后，收款人银行会给收款人开具一份收账通知（见图 4-39）。收款人银行将电汇款划到收款人账户并出具收账通知后，电汇业务的

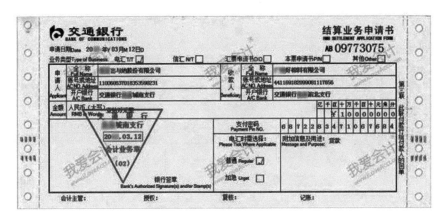

图 4-38　办理电汇后取回的回单联

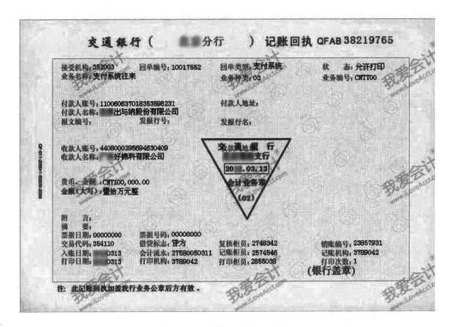

图 4-39　收款人的收账通知

完整流程就完成了。

（二）电汇手续费

使用电汇结算方式,银行会收取一定比率的手续费(见图 4-40)。在支付货款时可以选择普通或加急的方式,一般而言,加急方式的手续费要高于普通方式。

不同银行异地汇款手续费的标准是不一样的。出纳在办理电汇时可以先对比一下不同的银行异地汇款手续费的收费标准(见表 4-4)。

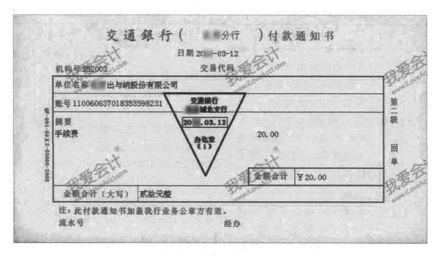

图 4-40 电汇手续费回单

表 4-4 银行异地汇款手续费比较

银行	类型	柜台转账	网上银行费率	手机银行费率
建行	同行异地	汇率 0.5%,2~50 元	手续费 5 折:汇率0.25%,最低 1 元,最高 25 元,U 盾客户单笔上限 50 万元,口令卡客户单笔上限 3000 元	手续费在柜台基础上 3 折(手机银行开通 3 个月后,要每月收取 6 元的服务费,单笔上限 50 万元)
	异地跨行	汇率 1%,2~50 元	汇率 0.5%,最低 1 元,最高25 元(上限同上)	手续费在柜台基础上 3 折(手机银行服务费同上)
工行	同行异地跨行异地	汇率 1%,最低 2 元,最高50 元,单笔无上限	按 0.9%收取,最低1.8元,最高 45 元,口令卡用户单笔不超过 500 元,1 天不超过 1000 元,U 盾用户无上限	12 月 31 日前,按汇款金额的 0.5%收取。每笔最低 1 元,最高25 元,上限:单笔1000 元,1 天 5000 元
浦发	同行异地	汇率 0.2%,最低 2 元,最高 30 元	汇率 0.1%,最低 2 元,最高 15 元	10 月 31 日前免费,一天最高 5 万元
	跨行异地	汇率 0.8%,最低 2 元,最高 40 元	汇率 0.5%,最低 2 元,最高 25 元	免费,一天最高汇款金额为 5 万元
渣打	跨行异地	1 万元以下 5.5 元;1 万~10 万元收 10.5 元;10 万~50 万元收 15.5 元;50 万~100 万元收 20.5 元	12 月 31 日前,2 万元以下免费,2 万~5 万元每笔10 元,每日累计不能超过5 万元	无

续表

银行	类 型	柜 台 转 账	网上银行费率	手机银行费率
中行	同行异地	汇率省内异地 0.5%，最低 5 元，最高 50 元；跨省 1%，最低 5 元，最高 50 元，中银自助通，0.45%，最低 2 元，最高 40 元，运用多笔连续汇款，只收第一笔手续费，当天不超过 20 万元	卡转折：1 万元以下 7 元，1 万～10 万元收 13.5 元，10 万～50 万元收 20 元。卡转卡：按万分之六收取，最低 1 元，最高 12 元，自助通：0.45%，2～40 元	无
	跨行异地	汇率 1%，最低 5 元，最高 50 元；中银自助通，则 0.45%，最低 2 元，最高 40 元，每笔上限：省内不超过 2 万元，多笔连续汇款只收一笔手续费，当天不超过20 万元	1 万元以下 5.5 元，1 万～10 万元收 10.5 元，10 万～50 万元收 15.5 元，工作日 9：30～16：30，单笔限额 200 万元，非工作日单笔最高 2 万元	无

温馨提示

　　不同银行收取的异地汇款手续费是不一样的，如：工商银行为 1%，最高不超过 50 元，农业银行为 0.5%，最高不超过 50 元，跨行不另外收费。另外，各银行不定期推出的优惠活动对手续费也有一定影响，具体情况请在办理业务时向银行人员询问，或拨打各银行的服务电话进行咨询。

三、常见实务问题及处理

　　1. 问：办理电汇时金额填写错了，如把 60000 元写成了 80000 元，能申请退回吗？

　　答：实务中，电汇办理成功后，款项会很快转存到对方账户。一旦金额填写错误，只能与对方自行协商退款。

　　2. 问：电汇单上的收款方名称填写错了，该如何处理？

　　答：电汇单在办理汇款手续完成前填错的，可以直接作废，放到绞纸机销毁即可，不必像支票一样再另行单独保管。

　　3. 问：电汇单上要加盖银行预留印鉴吗？

　　答：需要。但是部分使用密码支付的银行可能不要求在电汇凭证上加盖银行预留印鉴，在办理时要根据银行的具体规定进行。

业务 18 银行汇票

情景案例

钱多多所在公司欲向外地纺织厂购买材料,经财务经理与外地纺织厂经理协商,决定采用银行汇票进行结算。于是,财务经理让钱多多去银行办理一张 10 万元的银行汇票。钱多多不明白什么是银行汇票,银行汇票要怎样操作,又该注意些什么?

银行汇票适用于单位、个体经营户及个人之间各种款项的支付。实务中,银行汇票基本用于异地结算。

一、认识银行汇票

银行汇票是汇款人将款项交存当地银行,由银行签发给汇款人,汇款人持票办理转账或现金支取业务。

以交通银行为例,其银行汇票为一式四联的票据(见图 4-41)。第一联为卡片联,由银行保留;第二联为汇票正联,用于支付结算;第三联为解讫通知,在收款人拿到银行进账单后由收款银行保留;第四联为多余款收账通知,在签发行结清后交汇款人。

如果是现金银行汇票,则在银行汇票金额前多加"现金"字样,现金银行汇票可以用于支取现金,但是申请人或收款人为单位的不得申请签发现金银行汇票,并且现金银行汇票不得背书转让。

二、支付环节

企业或个人使用银行汇票进行付款结算的流程见图 4-42。

(一)申请银行汇票

向银行申请银行汇票,需填写银行汇票申请书。交通银行的银行汇票申请书为一式三联的结算业务申请书(见图 4-43)。

开具银行汇票申请书时,应注意以下几点内容。

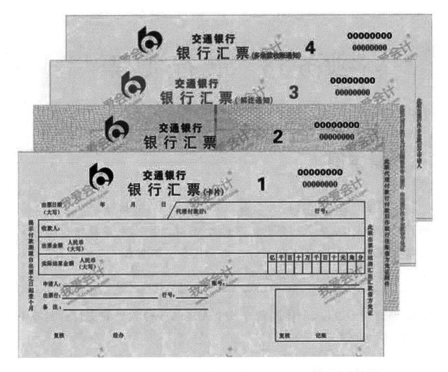

图 4-41　交通银行的银行汇票

图 4-42　银行汇票的付款流程

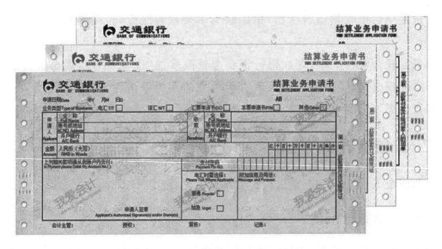

图 4-43　交通银行的结算业务申请书

1. 填写

填写的内容包括申请日期，业务类型，申请人及收款人名称、账号、开户行，金额大小写，附加信息及用途。

2. 盖章

在填写完整的银行汇票申请书上加盖银行预留印鉴，印鉴必须清晰，并且不能重叠（见图 4-44），否则银行不予办理。

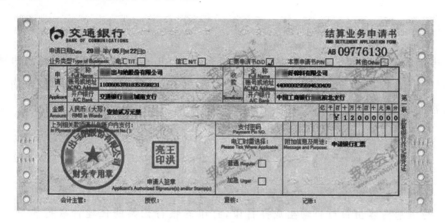

图 4-44　填写后的结算业务申请书

3. 生成密码并填入

银行汇票申请书填写后，交通银行需要使用支付密码器生成密码，并填入支付密码区内。密码器的使用方法与支票类似，但是不必像支票一样，等到了银行之后才填写支付密码。

支付密码器的操作方法同支票一样，只不过在选择业务类型时不同，交通银行使用的申请书是结算业务申请书，其在选择业务类型时，应选择"其他"，然后输入日期、凭证号码及金额，再次确认后，将生成的密码填到支付密码区内（见图 4-45）。

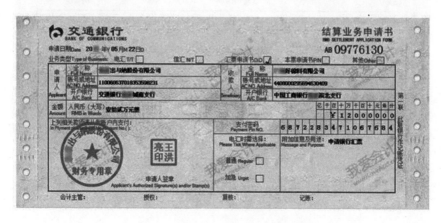

图 4-45　填入密码的结算业务申请书

不同银行的银行汇票申请书格式及申请规定不太一样，有的需要填写支付密码，有的不需要，有些银行办理申请时需开具转账支票和进账单，有些银行不需要，具体办理方式请咨询银行。

（二）签发银行汇票

申请人带上银行汇票申请书去银行柜台办理，柜台人员收到银行汇票申请书时，审核申请书上的信息无误后，将从申请人账户上直接划扣汇票款，并按申请书上的内容据以签发银行汇票。

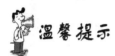

签发银行汇票时，不需要申请人在银行汇票上填写信息。银行汇票的信息内容由银行自动生成并打印，打印的银行汇票的代理付款行和实际结算金额处为空。

申请人拿到银行签发的银行汇票，首先要审核银行汇票上的信息内容，无误后在银行汇票的卡片联上加盖申请人的银行预留印鉴（见图4-46），并且柜台人员在银行汇票正联盖上银行专用章及私章（见图4-47）。

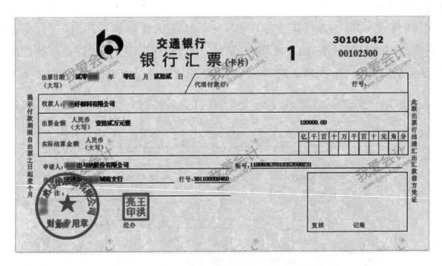

图4-46　加盖银行预留印鉴的银行汇票（卡片联）

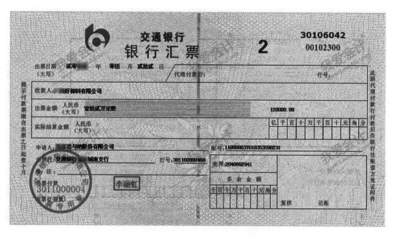

图 4-47　加盖银行专用章及私章的银行汇票（正联）

银行签发完毕，申请人将收到银行汇票正联（见图 4-47）、银行汇票（解讫通知）（见图 4-48）、结算业务申请书（第三联）（见图 4-49）以及工本费单据（见图 4-50）。

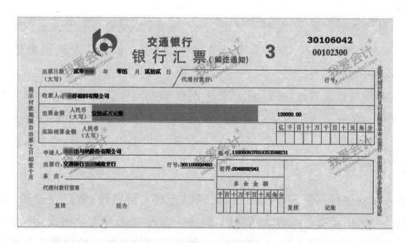

图 4-48　银行汇票（解讫通知）

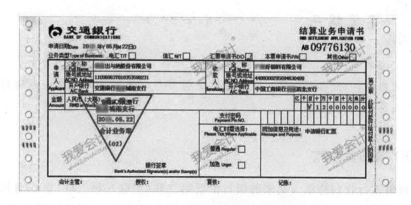

图 4-49　结算业务申请书（第三联）

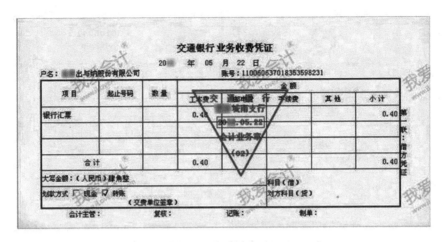

图 4-50　业务收费凭证

　　签发银行汇票时，银行汇票第一联（卡片联）交由银行留底；第四联
（多余款收账通知）作为汇票多余款账户的回单，如无多余款则由银行
留底。

　　办理银行汇票时，银行会向申请人收取一定的工本费及手续费，不
同银行收取的工本费及手续费是有差异的。具体请咨询当地银行。

（三）支付结算

　　申请人拿到银行签发的银行汇票第二联（正联）、第三联（解讫通知联）时，便可
将其交给经办人用于支付结算。结算时，经办人员应在银行汇票的实际结算金额处
填上实际支付金额（见图 4-51）。完成后，出纳便可将这两联交给收款人办理结算。

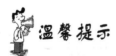

　　出纳应将银行汇票第二联（正联）复印两份以备做账，一份交予会计
做账使用；一份自己留存。使用原件支付货款。实际结算金额一般由经
办人员填写。

（四）收回多余款

　　代理付款行收到持票人交来的银行汇票第二联（正联）、第三联（解讫通知）及进
账单，审核无误后，按实际结算金额将款项划转给持票人账户，并将银行汇票第三联

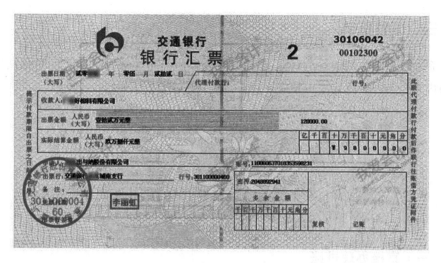

图 4-51　银行汇票(正联)

(解讫通知)寄给出票行。如果有多余款,出票行还需把多余款汇入申请人账户,同时将银行汇票第四联(多余款收账通知,见图 4-52)交给申请人,申请人据此作入账处理。

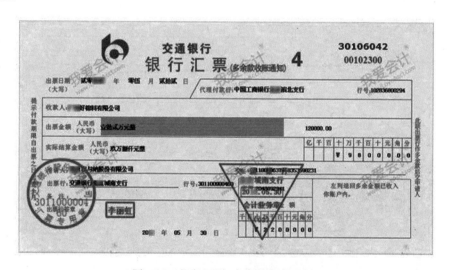

图 4-52　银行汇票(多余款收账通知)

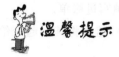温馨提示

　　当没有多余款时,银行会将第四联进行留底,不会将其退还给企业。企业也不用再做其他多余款的入账处理。

三、收到环节

企业或单位收到银行汇票时，出纳要先审核银行汇票收款人、印章、付款期限等各项内容是否符合规定。审核完毕后，可以直接办理进账或者背书转让。

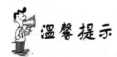

温馨提示

与申请银行汇票一样，出纳收到银行汇票，审核无误后，应将银行汇票复印两份，一份自己保管；一份移交会计做账。使用原件直接到银行办理进账或背书转让。

（一）直接办理进账

出纳收到付款人开出的银行汇票正联、解讫通知联，持票去银行办理进账时，需在银行汇票正联的背面"持票人向银行提示付款签章"处加盖银行预留印鉴章（见图 4-53）。

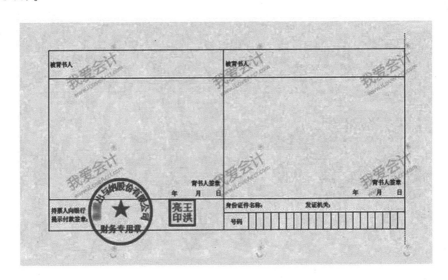

图 4-53　银行汇票（正联）背面

出纳找相关领导盖上银行预留印鉴，去银行办理时需填写进账单。

出纳根据银行汇票上面的信息填写进账单（见图 4-54），随后将其一起交给代理付款行办理进账。

（二）背书转让

收到银行汇票时，企业还可以背书转让给他人。背书转让是转让票据权利的背

图 4-54　进账单

书行为。背书转让的操作方式是：在票据的背面"背书人签章"处加盖背书人的银行预留印鉴，同时填上被背书人的名称。

　　背书转让需在银行汇票正联背面"被背书人"处填写被背书人的名称，并在"背书人签章"的方框内加盖背书人的银行预留印鉴（见图 4-55），并不需对银行汇票第三联做任何处理，然后背书人再将银行汇票第二联（正联）、第三联（解讫通知联）交给被背书人。

图 4-55　银行汇票（正联）背面

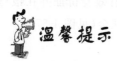温馨提示

　　不论是银行汇票收款人还是其背书人或再背书人（背书人的背书人），都可以是银行汇票的持票人。

　　对于票据的背书，并不限制背书的次数，在背书栏或票据背面写满时，可以在票据上粘贴"粘单"进行背书。

四、常见实务问题及处理

1. 问：我能否办理一张面值为 300 元的银行汇票？

答：不能。因为银行汇票的汇款金额起点为 500 元。

2. 问：我能否办理一张期限为 3 个月的银行汇票？

答：不能。银行汇票的提示付款期为 1 个月。

银行汇票过期时可以要求退款，应填制一式三联的进账单连同银行汇票第二联（正联）及第三联（解讫通知）一起交给出票行。

申请人为单位的，应出具说明原因的正式公函，银行将票款退回原申请人账户。在办理退款后，将进账单的第一、第三联盖章并退给申请人。

申请人为个人的，可凭本人有效身份证支取现金。

3. 问：我想办理一张现金银行汇票，银行是否给予办理？

答：银行给予办理。用于取现的银行汇票申请人和收款人只能为个人，单位不得申请现金银行汇票。

（1）填写申请单时，应在大写金额前加"现金"字样（见图 4-56）。出票银行签发银行汇票时也会在大写金额前写上"现金"字样。

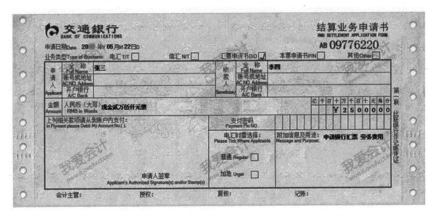

图 4-56　现金银行汇票申请书

（2）收款人去银行办理现金银行汇票时，应提交个人有效身份证并在银行汇票正联背面填明身份证相关信息，银行审核无误后方可支取现金（见图 4-57）。

温馨提示

收款人去不同银行办理现金银行汇票时，在银行汇票正联背面要求填写的内容有所差异。具体办理方式请咨询银行。

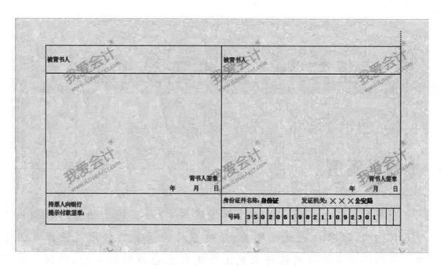

图 4-57　现金银行汇票(正联)背面

4．**问**：银行汇票遗失了怎么办？

答：如果遗失银行汇票，失票人应当立即向签发银行或兑付银行请求挂失止付。申请人挂失止付应提交汇票挂失申请书，并写明"汇票挂失"字样。

如果在银行受理挂失前或者对方银行收到挂失通知前，汇票金额已被人冒领的，银行不再承担付款责任。

业务 19　银行承兑汇票

情景案例

　　今年钱多多所在的公司大力开发国内市场，实现了销售总额翻倍增长，同时应收账款也大幅攀升，致使公司的资金周转出现较严重困难。出纳钱多多提议用银行承兑汇票进行主要原料的支付，得到了财务经理的肯定。截至 7 月底，公司已经有效地顶住了资金周转的压力，各项运转已经逐步恢复到良性循环，钱多多也得到了公司管理层的一致认可。

　　实务中，很多企业资金紧张时，会使用银行承兑汇票支付货款，以缓解资金压力。银行承兑汇票在全国范围内均可使用，有银行信用作为担保，还能背书转让，承兑性与流动性很强。银行承兑汇票在实际工作中经常见到，是出纳必须掌握的一项业务。

一、认识银行承兑汇票

　　银行承兑汇票是由在承兑银行开立存款账户的存款人出票，向开户银行申请并经银行审查同意承兑的，保证在指定日期无条件支付确定的金额给收款人或持票人的票据。银行承兑汇票为一式三联（见图 4-58）。第一联：此联为承兑行留存备查，到期支付票款时作借方凭证附件；第二联：此联为收款人开户行随托收凭证寄付款行作为借方凭证附件；第三联：此联由出票人存查。

　　银行承兑汇票承兑期限最长不超过 6 个月，同城、异地结算均可使用。企业经常会签发银行承兑汇票，它是企业短期资金融通的好帮手。

二、支付环节

　　企业使用银行承兑汇票付款，一般需要经过承兑申请、转存保证金、票据签发、支付货款、兑付票款 5 个步骤（见图 4-59）。

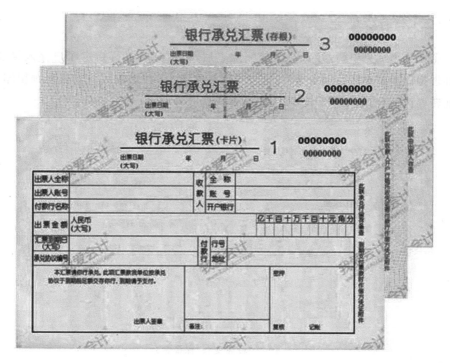

图 4-58 银行承兑汇票

图 4-59 银行承兑汇票的付款流程

（一）承兑申请

一般情况下,只有购销合同上注明使用银行承兑汇票结算,出纳才能申请银行承兑汇票。

申请银行承兑汇票时,出纳要先向开户银行提出申请,并提供相应的申请资料,然后要到各银行指定的分行营业部办理。由于各银行的要求有所差异,各企业在申请办理银行承兑汇票之前,最好先咨询一下各自开户行的相关人士,以避免不必要的麻烦。

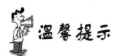温馨提示

实务中,企业会携带相应的银行预留印鉴到银行现场办理银行承兑汇票,所以不会让出纳自己去银行办理。具体情况请根据各企业及银行的相关规定进行操作。

（二）转存保证金

企业提出承兑申请，经银行审核完成之后，出纳应向银行指定账户存入保证金或办理担保。企业转存保证金时，需要填写转账支票，并加盖相应的银行预留印鉴。企业转存保证金，填写转账支票时，其收款人为企业自己（见图 4-60）。

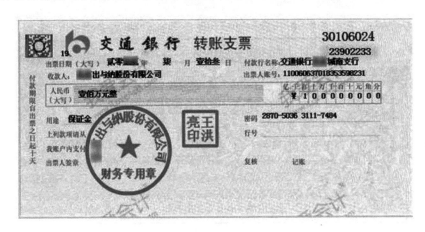

图 4-60　转账支票（保证金）

企业转存保证金时，出纳填写完转账支票后还需要填写进账单。企业在转存保证金时，无论是填写转账支票还是进账单，其出票人和收款人都一样，均为企业本身。差别在于填写进账单时，收款人账号为银行指定的账号（见图 4-61）。

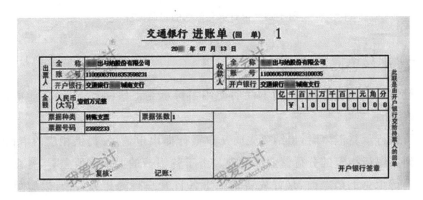

图 4-61　进账单（保证金）

温馨提示

一般来说，第一次申请银行承兑汇票会被要求提供较高比例的保证金，而在以后的办理中则会逐步降低保证金的比例。具体请咨询银行。

(三）票据签发

银行承兑汇票的相关手续办理完，银行就可以签发银行承兑汇票了。

银行承兑汇票的主要内容包括：出票日期、出票人信息、收款人信息、出票金额、汇票到期日、承兑协议编号、付款行信息等（见图 4-62）。

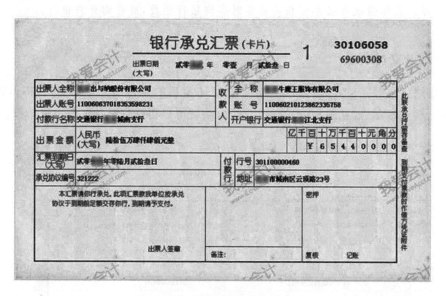

图 4-62　填写好的银行承兑汇票

银行承兑汇票填写后，需在银行承兑汇票第一、第二联的出票人签章处盖上银行预留印鉴，再交给银行（见图 4-63）。

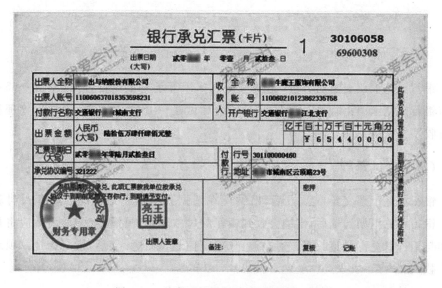

图 4-63　盖章后的银行承兑汇票（第一联）

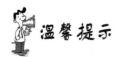温馨提示

　　银行承兑汇票到期日与出票日的间隔不得超过 6 个月。另外，不同银行办理票据签发的方式不一样，有的是直接打印生成，有的是手工填写。具体情况可在办理相关业务时咨询银行柜员，或咨询开户银行。

（四）支付货款

　　出纳将填写完整并加盖相关的银行预留印鉴后的银行承兑汇票交还银行，银行在第二联上签章后（见图 4-64）退给出纳，出纳就可以将银行承兑汇票用于结算。

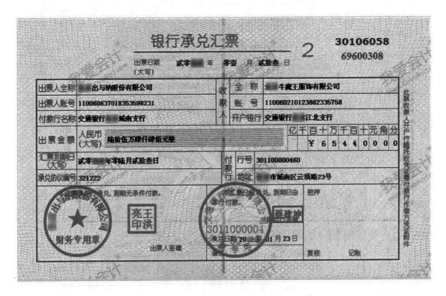

图 4-64　银行盖章后的银行承兑汇票（第二联）

　　银行承兑汇票交给对方前，出纳应先制作银行承兑汇票备查簿（见图 4-65），同时将银行承兑汇票正联复印两份，一份给会计做账；一份自留备查，以便于管理和及时查收票据是否到期。

（五）兑付票款

　　银行承兑汇票交给收款方后，出纳应在票据到期前将足额的票款存入付款账号。银行承兑汇票到期后，出纳会收到银行的付款通知（见图 4-66）。出纳应将付款通知与银行承兑汇票签收表核对金额、日期等信息，确认无误后，银行会把款项划转给收款人。

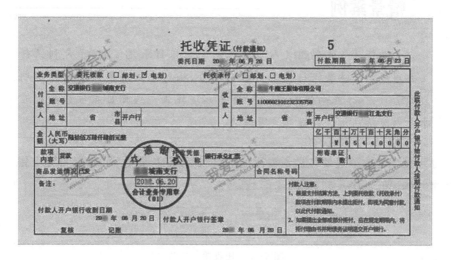

图 4-65　银行承兑汇票备查簿

图 4-66　托收凭证(付款通知)

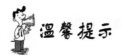 温馨提示

兑付票款应该在银行承兑汇票到期日前的 10 天办理,若超过规定时间,则需要向银行提交相关说明。由于各银行要求有所差异,大家可以在办理相关业务时向银行人员询问,或咨询相关的开户银行。

另外,若企业到期无力支付,银行会先将账户余额和申请时转存的保证金一并扣除,然后垫付企业不足支付的款项。需要注意的是,企业不仅要偿还银行垫付的款项,还要支付相关的利息(银行利息按每日万分之五收取),并且会有不良的信息记录在人民银行。

三、收到环节

出纳收到银行承兑汇票后有三种处理方法。

（1）到期托收：待银行承兑汇票到期之后办理托收票款。

（2）背书转让：在银行承兑汇票未到期之前办理背书转让。

（3）办理贴现：若企业在银行承兑汇票到期之日前发现资金紧缺，可以到银行办理贴现，即向银行支付一定的利息或费用，提前取得银行承兑汇票票款。

（一）到期托收

出纳钱多多收到销售人员交来的一张银行承兑汇票，于是到银行去办理进账。结果银行柜员告诉钱多多，银行承兑汇票必须是在到期日起十日内，才能向银行提示付款并办理托收。到期日在银行承兑汇票上都有标注。这让钱多多很尴尬。

办理到期托收一般要经过到银行提示付款、填制托收凭证、将资料提交银行、到银行拿收账通知四个步骤（见图 4-67）。

图 4-67　托收票款流程

1. 到银行提示付款

出纳应在银行承兑汇票到期日起十日内，向承兑银行提示付款。

实务中，由于各地银行要求不一样，因此提示付款期也可能不一样，办理的手续也会有差异。具体请咨询开户行。

2. 填制托收凭证

填制托收凭证之前，要先在银行承兑汇票背面的"背书人签章"处加盖银行预留印鉴，并注明是委托收款（见图 4-68）。

提示付款时，出纳应到银行申请委托收款，填制一式五联的托收凭证（见图 4-69）。

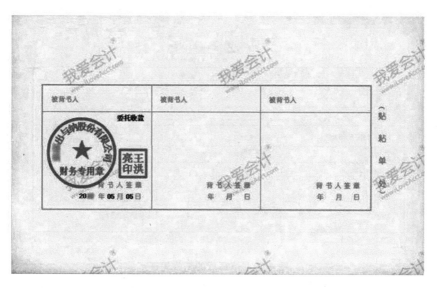

图 4-68　银行承兑汇票(背面)

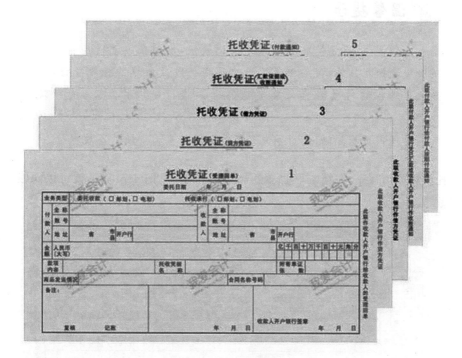

图 4-69　托收凭证

托收凭证上包含的内容主要有：委托日期,业务类型,付款人、收款人信息,金额,托收凭据名称,附寄单证张数(见图 4-70)。

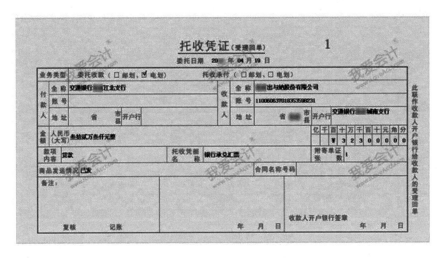

图 4-70　填写后的托收凭证

 温馨提示

　　一般情况下，选择电划到账速度比较快，出纳在办理时应根据公司的需要选择。另外，实务中去银行办理委托收款所填的托收凭证，其付款人信息栏的付款名称只需要填写开票银行的名称，其余的可以不填写。

　　办理银行承兑时，银行承兑汇票背面的日期为可填可不填栏目。

　　托收凭证填写完，在第二联加盖银行预留印鉴（见图 4-71）后，就可以向银行提示付款了。

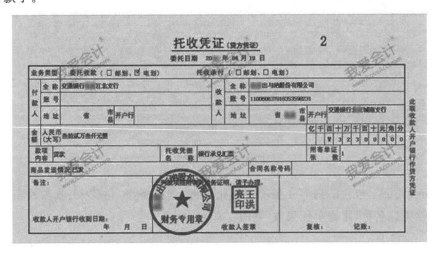

图 4-71　盖章后的托收凭证

3. 将资料提交银行

将托收凭证和银行承兑汇票一同交给开户银行办理委托收款,银行审查无误后,会将托收凭证的受理回单联(见图 4-72)交给出纳。

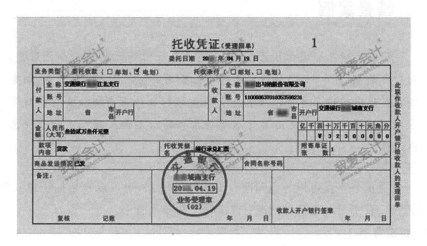

图 4-72　托收凭证(回单联)

4. 到银行拿收账通知

当款项到达公司账户后,银行会将收账通知(见图 4-73)交给公司,出纳可以到企业的电子回单箱或银行对公柜台领取。

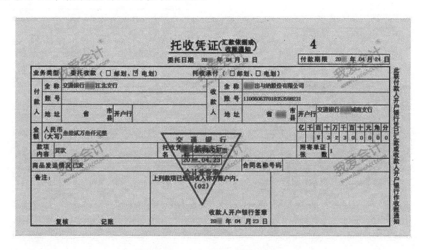

图 4-73　托收凭证(收账通知)

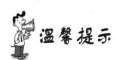 温馨提示

实务中,银行不一定会把托收凭证的第四联(收账通知)送交企业,而是另外打印银行水单交给企业作为收账通知。

（二）背书转让

情景案例

　　钱多多所在公司于8月12日收到一张200万元的银行承兑汇票，到期日是12月12日。公司欠百布织业公司的货款于8月底到期，财务经理交代出纳钱多多将银行承兑汇票背书转让给百布织业公司。钱多多感到不解：银行承兑汇票背书是将票据转给别的公司吗？背书要怎样操作？

　　银行承兑汇票不仅可以等到到期后委托银行收款，也可以在票据还没到期的时候背书转让。背书可以分两种情况：首次背书和多次背书。

1. 首次背书

　　（1）出纳在银行承兑汇票背面的"被背书人"处填写对方单位名称。

　　（2）在"背书人"处加盖银行预留印鉴。

　　首次背书时，只需在被背书人处写上被背书人的公司名称，盖上背书人的银行预留印鉴再写上背书日期即可（见图4-74）。

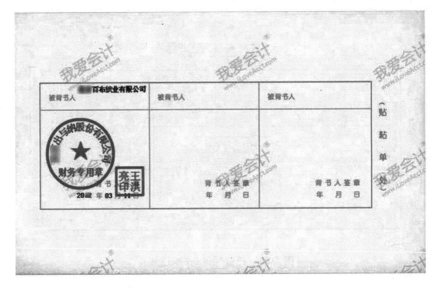

图4-74　首次背书的银行承兑汇票

2. 多次背书

　　如果本公司是被背书人，也可将其再背书。银行承兑汇票的背书一定要连续，要满足斜线一致的原则，即后一个背书人要与前一个被背书人相一致（见图4-75）。

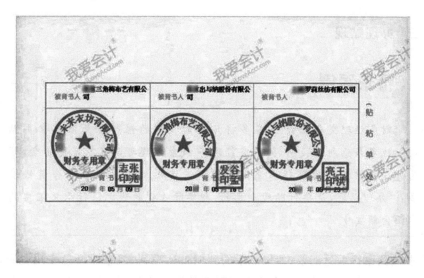

图 4-75　多次背书的银行承兑汇票

　　若由于多次背书,导致银行承兑汇票背面的背书人签章处位置不够,可使用粘单进行背书。

　　出纳除了在粘单上加盖银行预留印鉴外,还要在粘单的骑缝处(粘贴的缝隙处)盖章,这种盖在骑缝处的章称为骑缝章(见图 4-76)。

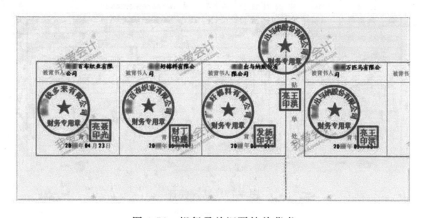

图 4-76　银行承兑汇票粘单背书

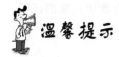温馨提示

　　如果背书人在银行承兑汇票上写有"不得转让"字样,那么被背书人是不能够进行再背书的;否则,汇票到期,持票人到银行提示付款时会被拒绝受理。

（三）办理贴现

情景案例

　　财务经理交代出纳钱多多将几天前收到的银行承兑汇票拿去贴现。钱多多感到很疑惑，问财务经理："既然贴现可以提前获得资金，那为什么以前收到的银行承兑汇票没有拿去贴现？"财务经理告诉钱多多："办理贴现，是要付贴现利息的，即实际收到的钱比银行承兑汇票的票面金额要少。"

　　企业收到银行承兑汇票，如果汇票的到期日还没到，但企业又急于用资金，此时企业也可以去银行办理贴现。办理贴现需要填写贴现凭证，并在相应的位置加盖银行预留印鉴（见图4-77）。

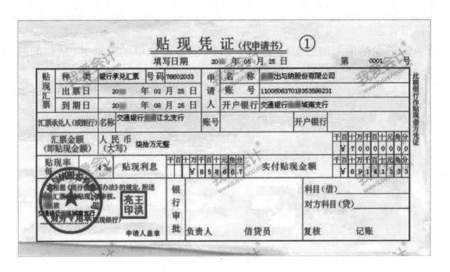

图 4-77　贴现凭证

　　填制完贴现凭证后，再将银行承兑汇票转让给银行。经银行审查无误后，把贴现的金额直接转到公司的账户上，并将回单联交给出纳作为款项到账的证明。

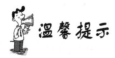 **温馨提示**

　　实务中，向银行办理银行承兑汇票贴现手续比较烦琐，因此很多企业会找贴现公司办理贴现。贴现利息＝票面金额×贴现天数×（月贴现率÷30天）。贴现天数即从贴现日到到期日的时间间隔。

四、常见实务问题及处理

1. 问：申请银行承兑汇票也要支付手续费、工本费等相关费用吗？

答：关于手续费和工本费，各银行略有差异。手续费一般是万分之五，交通银行现在已经不收取工本费了，具体情况请咨询相关银行。

2. 问：银行承兑汇票背书章盖错，就是上一手的被背书人与下一手的背书人不是同一家，全部盖了另外一家的印章，这种情况该怎么处理？

答：可以按照承兑背书人追溯，由盖错印章的单位出一份证明——票据要素、错误原因及经济责任的说明。具体事项可咨询各自的开户银行。

3. 问：如果银行承兑汇票丢失怎么办？

答：银行承兑汇票丢失是可以挂失的，具体情况可咨询开户银行。

4. 问：我们公司收到银行承兑汇票的款项后，单子被银行收走了，出纳要怎么办呢？

答：出纳收到银行承兑汇票审核无误后，应先将银行承兑汇票复印两份，一份由出纳保管；另一份在下班前交接给会计做账。

业务 20　网上支付

网上支付是付款人通过网络与银行之间的支付接口进行款项交易的一种即时支付方式。随着网上支付系统安全性的日益增高和网络的普及，越来越多的企业使用网上支付进行款项的结算。对于出纳来讲，网上支付应作为一项必须掌握的基本技能。

温馨提示

当客户以网上支付形式向公司支付款项时，出纳可直接登录网上银行查询是否到账或等待银行的进账回单。

一、申请网上支付

企业只要在银行有开立相关账户，就可以向开户行申请开通网上支付。下面以中国农业银行的网上支付申请流程为例进行说明（见图 4-78）。

温馨提示

不同银行需要的申请资料可能不太一样，企业可根据自身资金账户办理，向相应的银行申请，不同的银行收取的手续费不一致，具体请咨询当地各银行。

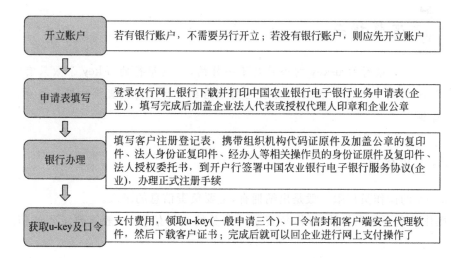

图 4-78　网上支付申请流程（以中国农业银行为例）

二、网上支付结算

申请网上支付时，一般银行会给企业几个不同权限的 u-key，并且每个 u-key 密码不一致（见图 4-79）。企业获得 u-key 及密码之后，就可以进行网上支付的相关操作了。

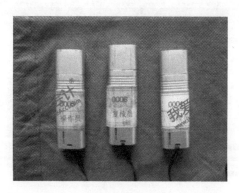

图 4-79　u-key

由于银行给企业的 u-key 分有不同的权限，企业使用 u-key 进行网上支付既减少了网络交易给企业带来的资金风险，又可以防止企业内部工作人员挪用资金，一举两得。企业在使用网上支付业务时，不同岗位的人员应根据自己的权限进行相关操作。一般情况下，u-key 主要有三个角色：操作员、复核员、管理员（见图 4-80）。

图 4-80　网上支付的权限步骤

 温馨提示

　　不同银行的 u-key 的个数是不一样的,有的银行的 u-key 个数只有 2 个,有的银行有 3 个,具体情况可打电话到银行咨询或直接到银行柜台咨询。

（一）操作员

　　u-key 的操作员权限一般是出纳拥有,主要负责信息的录入。

　　操作员主要是支付款项时,负责录入相关的交易信息,一般需要录入的信息有以下几项。

　　(1) 收款人信息:包括收款人账号、名称、收款银行。

　　(2) 交易信息:即支付的金额。

　　(3) 操作:以上信息输入并核对完毕后单击确定,输入 u-key 密码并发送给下一级人员进行复核。

　　以中国农业银行为例,其操作员操作界面见图 4-81。

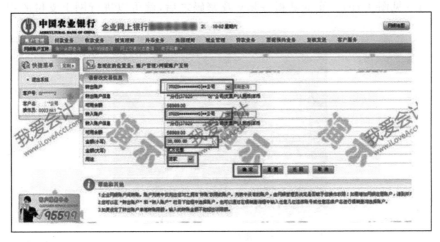

图 4-81　操作员操作界面

（二）复核员

　　u-key 的复核员权限一般是会计经理或主管拥有,主要负责审核出纳提交的付款信息。

　　复核一般分为复核信息无误和复核信息有误两种情况。

1. 复核信息无误

　　当复核员发现复核的信息无误时,只需单击提交并输入 u-key 密码,再单击确

定,直接转发给下一级的管理人员即可。

2. 复核信息有误

当复核员发现复核的信息有误时,单击拒绝支付并输入 u-key 密码,再单击确定,则直接拒绝支付并返回给上一级的操作员(即出纳)进行相应的修改操作。

仍以中国农业银行为例,其复核员操作界面见图 4-82。

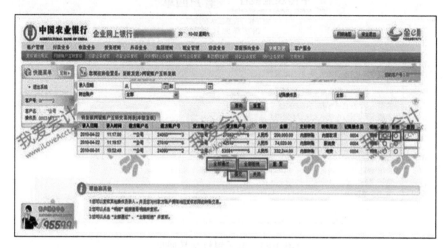

图 4-82　复核员操作界面

(三) 管理员

u-key 的管理员权限一般是总经理拥有,主要负责对操作员和复核员的权限控制及复核功能。

管理员复核信息与复核员一样,一般分为复核信息无误和复核信息有误两种情况。

1. 复核信息无误

进入界面后,找到付款信息,当管理员确认复核信息无误时,单击提交并输入u-key 密码,再单击确定,至此则该笔网上支付完成。

2. 复核信息有误

进入界面并找到付款信息后,当管理员发现复核的信息有误时,则直接单击拒绝支付并输入 u-key 密码,则该笔付款信息返回给第一级的操作员(即出纳)进行相应的修改操作。

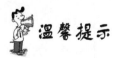温馨提示

　　各个银行对网上支付的单笔付款限额规定不一致,具体要咨询当地的开户银行。

网上支付交易成功后，出纳就可以在网上银行查找已付款的信息，并打印出盖有银行章的回单；也可以在交易成功后的第二天到企业在银行的对公信箱领取回单（见图 4-83）。

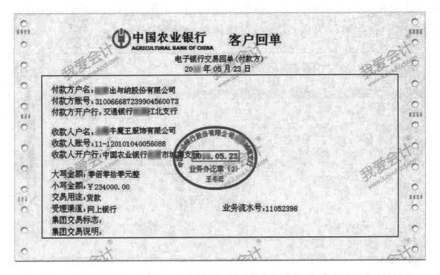

图 4-83　电子银行交易回单

三、常见实务问题及处理

1. **问**：我把收款人的账号填错了，银行会把款项转出去吗？要办理退款吗？

答：在办理付款过程中，如果收款人信息，如收款人全称、账号等有误，即使审核员未发现该错误，确认了该笔业务支付指令，款项也是无法转出的。银行会在隔天将显示"信息有误"的回单发给公司（见图 4-84）。

图 4-84　电子回单（信息有误）

2. **问**：我在电子银行转出 10 万元的货款时，输入过程中多填了一个 0，金额变成了 100 万元，已经提交银行了，能申请退款吗？

答：在办理付款过程中，如果只有支付金额写错，那么审核人员确认了该笔支付业务后，银行会立即受理，无法撤销，企业只能跟收款方协商退款事宜。

3. **问**：网上支付能预支款项吗？

答：网上支付一般不能透支，出纳需保证账户内有足够的余额，再进行企业日常的网上支付业务操作。

4. **问**：网上支付要收取手续费吗？是怎么算的？

答：企业网上银行转账的手续费一般是在次月初扣除，具体收费标准请参看各银行规定。

业务 21　支付宝和微信支付

随着科技的不断进步,支付方式的选择也越来越多。企业在收支款项时,除了常规的现金、银行存款、票据等方式外,也可根据业务特点选择支付宝、微信等支付方式。

一、支付宝

(一)支付宝账户注册

支付宝账户分为个人和公司两种类型,企业需选择公司类型。公司类型的支付宝账户一定要有公司银行账户与之匹配。

企业注册支付宝账户的步骤如下。

第一步:登录 www.alipay.com,单击"免费注册"(见图 4-85)。

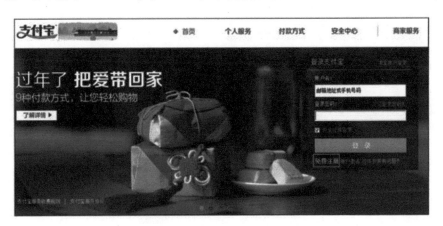

图 4-85　单击"免费注册"

第二步:单击"企业账户",填入电子邮箱和验证码(公司账户只能用邮箱注册),单击"下一步"(见图 4-86)。

第三步:单击"立即查收邮件",进入邮箱(见图 4-87)。

第四步:在邮箱中会收到一封激活支付宝账户的邮件,单击"请激活您的支付宝账户!"(见图 4-88)。

图 4-86　验证账户名 1

图 4-87　验证账户名 2

图 4-88　验证账户名 3

第五步：单击"继续注册"（见图 4-89）。

第六步：填写相关信息，单击"下一步"（见图 4-90）。

第七步：申请公司类型的支付宝账户，需进行支付宝实名认证，单击"立即申请"（见图 4-91）。

企业实名认证通过后，则企业申请的公司类型支付宝账户注册成功，企业可以登录支付宝账户进行网上购物的操作。

图 4-89　验证账户名 4

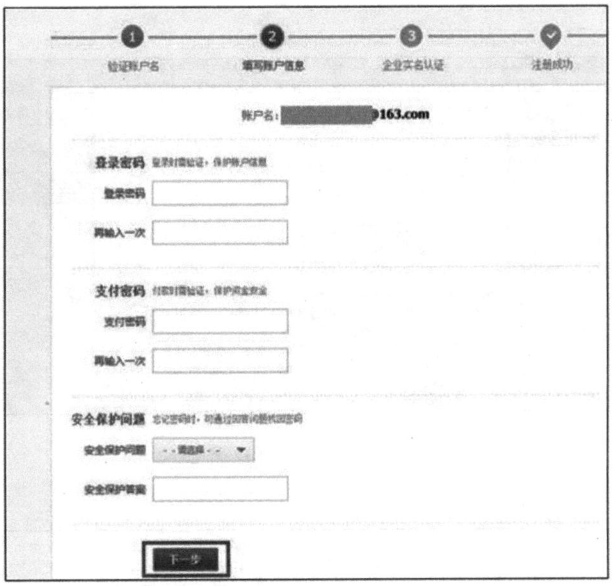

图 4-90　填写账户信息

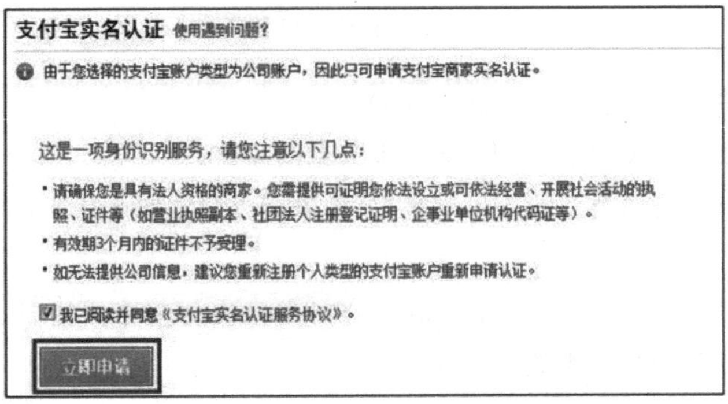

图 4-91　企业实名认证

温馨提示

  支付宝的账户类型一经选定，不能修改。

（二）支付宝的使用

1. 支付宝交易类型

支付宝交易分为担保交易和即时到账交易两种类型。

（1）担保交易。在支付宝网站上，看到图 4-92 所示的图标时，表示您正在进行的是担保交易。

企业使用担保交易的流程见图 4-93。

图 4-92 担保交易图标

图 4-93 担保交易的流程

（2）即时到账交易。在支付宝网站上，看到图 4-94 所示的图标时，表示您正在进行的是即时到账交易。

进行即时到账交易时，选定商品后单击"我要付款"，填写对方账户信息（见图 4-95）。

图 4-94 即时到账交易图标

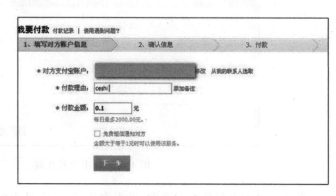

图 4-95 填写对方账户信息

填写好账户信息后，就可以确认信息并选择付款方式（见图 4-96）。

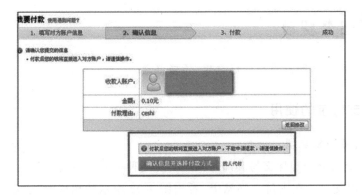

图 4-96　确认信息并选择付款方式

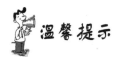温馨提示

　　即时到账交易不受支付宝交易保障规则的保护，钱直接到达交易对方的支付宝账户，无法退款，请谨慎使用并谨慎操作。发生资金损失的交易中，绝大多数都是因为使用即时到账交易付款给陌生卖家。

2. 卖出交易

企业在支付宝上卖出商品后，需重点关注卖出交易查询和单笔退款两个方面。

（1）卖出交易查询。卖出交易查询页面用于查询所有在支付宝上进行的卖出交易的当前状态，并根据其状态进行相应的操作，例如查看详情、退款等（见图4-97）。

图 4-97　卖出交易查询

　　企业通过卖出交易查询页面，可查询最近18个月内的卖出交易信息，并进行下载（csv、xls两种格式可供下载）、打印操作。

　　如果企业需要知道单个订单的交易详情，则选择操作中的详情，可查看该笔交易的详情信息，含订单信息，分润信息，支付宝收费信息，退款信息（见图4-98）。

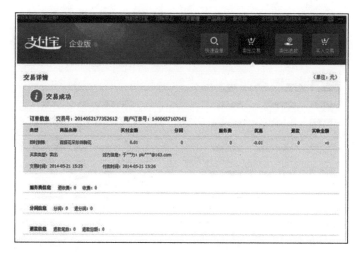

图 4-98　交易详情

（2）单笔退款。选择操作中的退款，可对一笔交易发起退款，填写退款金额、备注，并执行（见图 4-99）。

图 4-99　单笔退款

3. 买入交易

对于买入交易，企业可通过买入交易查询页面，查询所有在支付宝上进行的买入交易（包括采购等）的最新状态（见图 4-100）。

企业通过买入交易查询页面，可查询最近 18 个月内的买入交易信息，并进行下载（csv、xls 两种格式可供下载）、打印操作。

二、微信

（一）接入微信支付

企业销售货物使用微信支付时，需先接入微信支付，接入方式主要有公众号支

图 4-100　买入交易查询

付接入、APP 支付接入、扫码支付接入和刷卡支付接入。

1. 公众号支付接入

第一步：注册账号。注册公众平台(mp. weixin. qq. com)，选择账号类型为服务号，填写相关资料并通过微信支付认证。

第二步：填写资料。商户需提供以下 3 项资料：①经营类目以及对应经营资质；②企业联系信息；③企业银行账户等信息。其他信息诸如企业法人信息、营业执照等将直接从微信公众号认证资料中获取，无须重新填写。

第三步：商户验证。资料提交后，微信支付会向您的结算账户中打一笔数额随机的验证款。待资料审核通过后，查收款项，登录商户平台(pay. weixin. qq. com)，填写款项数额，数额正确即可通过验证。

第四步：签署协议。验证通过后，在线签署协议。

第五步：售卖商品。开发完成之后，即可上线售卖商品。

2. APP 支付接入

第一步：注册并认证。注册开放平台(open. weixin. qq. com)账号，通过开发者资质认证；提交 APP 基本信息，通过开放平台应用审核。

第二步：填写资料。商户需提供以下 4 项资料：①经营类目以及对应经营资质；②企业联系信息；③企业银行账户等信息；④APP 下载地址或页面截图。其他信息诸如企业法人信息、营业执照等将直接从微信开发者认证资料中获取，无须重新填写。

第三步：商户验证。资料提交后，微信支付会向企业的结算账户中打一笔数额随机的验证款。待资料审核通过后，查收款项，登录商户平台(pay. weixin. qq. com)，填写款项数额，数额正确即可通过验证。

第四步：签署协议。验证通过后，在线签署协议。

第五步：功能发布。开发完成之后，APP内即可调用微信支付模块，发起支付。

3. 扫码支付接入

扫码支付(含PC网站支付)接入微信支付的申请步骤与公众号支付接入一样，此处不再赘述。

4. 刷卡支付接入

刷卡支付接入微信支付的申请步骤与公众号支付接入一样，此处不再赘述。

（二）使用微信支付

1. 公众号支付

商户已有H5商城网站，用户通过消息或扫描二维码在微信内打开网页后，可以调用微信支付完成下单购买。具体流程见图4-101。

2. APP支付

商户APP调用微信的SDK唤起微信支付，跳转完成微信支付，再调回APP内，呈现支付结果。具体流程见图4-102。

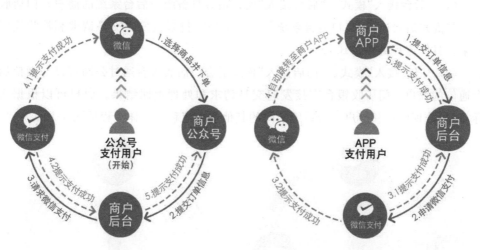

图4-101　公众号支付流程　　　　图4-102　APP支付流程

3. 扫码支付

扫码支付有"二维码永久有效"和"二维码两小时有效"两种模式。

(1)"二维码永久有效"模式。二维码链接由商户生成，然后商户将二维码链接转成二维码图片，用户通过扫码支付。此方式下生成的二维码永久有效。具体流程见图4-103。

(2)"二维码两小时有效"模式。二维码链接由微信支付返回给商户，商户将得到的二维码链接转成二维码图片，用户通过扫码支付。此方式下生成的二维码2小时内有效，具体流程见图4-104。

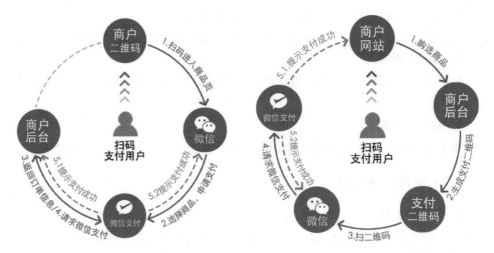

图 4-103 "二维码永久有效"模式支付流程　　图 4-104 "二维码两小时有效"模式支付流程

4. 刷卡支付

刷卡支付分为"后台接入"和"门店接入"两种模式。

（1）"后台接入"模式。"后台接入"模式适合具备统一后台系统的商户。门店收银台与商户后台通信，商户后台系统负责与微信支付系统发送交易请求和接收返回结果。具体流程见图 4-105。

（2）"门店接入"模式。"门店接入"模式适合门店收银台通过公网直接与微信后台通信的商户。门店收银台直接发起交易请求和处理返回结果。商户可以根据实际需要，处理门店和商户后台系统之间的其他业务流程。具体流程见图 4-106。

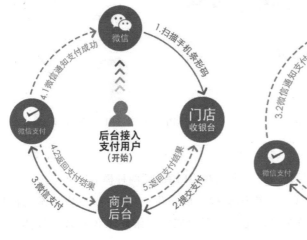

图 4-105 "后台接入"模式支付流程

图 4-106 "门店接入"模式支付流程

三、常见实务问题及处理

1. 问：公众平台申请微信支付商户如何查看商户平台登录账号？

答：登录查看申请微信支付商户时填写的"重要邮箱"，开户邮件的发件人为 tenpayservice@tencent.com。

2. 问：微信支付商户由于邮箱错误未收到开户邮件怎么办？

答：如注册时不小心将邮箱填错，未能收到开户邮件，请按以下四步骤修改邮箱即可重新获取开户邮件（见图 4-107～图 4-110）。

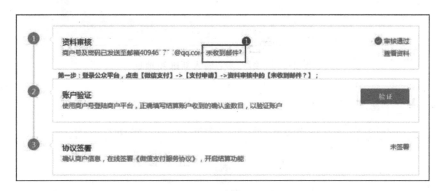

图 4-107 第一步：单击"未收到邮件"按钮

图 4-108 第二步：单击"修改邮箱"按钮

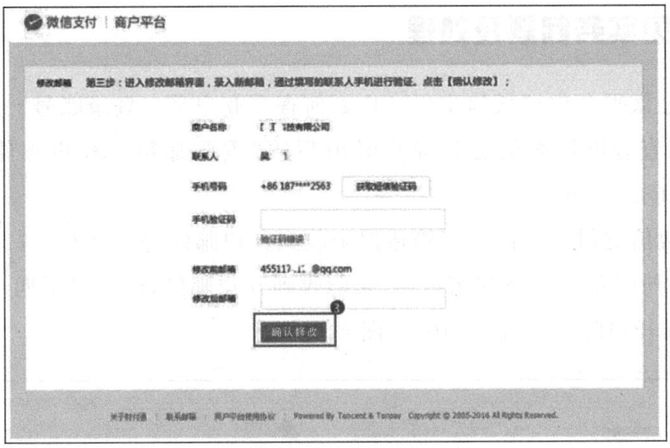

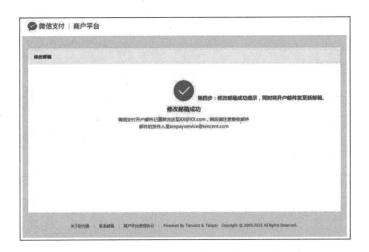

图 4-109　第三步：输入新邮箱地址

图 4-110　第四步：弹出"修改邮箱成功"界面

业务 22　银行存款日记账

　　出纳钱多多今天办理了很多收入和支出业务，有现金的也有银行的。下班前15分钟，钱多多直接将所有的银行、现金收入与支出记录到库存现金日记账上。第二天一上班，财务经理就问道："昨天办理的业务有没有确认无误？有没有将现金跟银行结算业务分开登记日记账？原始凭证有没有移交给会计？"钱多多听后瞠目结舌，她原本以为所有业务可以登在一本日记账上，然后将单据移交给会计就可以了。

　　出纳每天不仅会跟现金打交道，同时还会跟银行打交道。其中，现金的收付业务是直接登记库存现金日记账，那么，银行的收付结算是不是可以直接登记在库存现金日记账上面呢？

一、登记银行存款日记账

　　为了及时掌握银行存款的收支和结存情况，便于与银行核对账目，及时发现问题，出纳应按不同银行账号分别设置银行存款日记账。

　　银行存款日记账是专门用来记录银行存款收支业务的特种日记账。银行存款日记账一般采用订本式账簿，其账页格式一般采用"借方""贷方""余额"三栏式（见图4-111）。

温馨提示

　　银行存款日记账在会计用品店就可以买到，不同的银行存款日记账格式会有所差异，但主要事项都是一致的。

（一）登记方法

　　出纳根据银行收款凭证、付款凭证及所附的有关原始凭证，按业务发生的先后

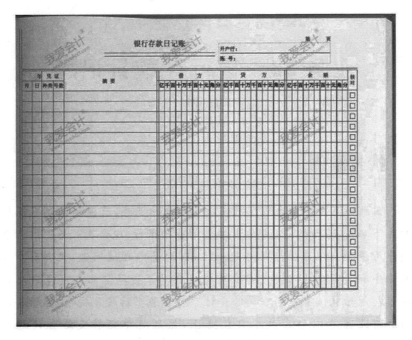

图 4-111　银行存款日记账

顺序,使用蓝、黑色钢笔逐笔登记,不得使用圆珠笔或铅笔登记,而且必须连续登记。每日业务终了时,应计算、登记当日的银行存款收入合计数、银行存款支出合计数,并结出账面余额,以便检查监督各项收入和支出款项。

银行存款日记账上填写的主要内容包括"日期""摘要""借方金额(或增加金额)""贷方金额(或减少金额)""余额"等。

1."日期"栏

"日期"栏中填入业务的时间。

2."摘要"栏

"摘要"栏简要说明收、付业务的内容。

3."借方金额"栏

"借方金额"栏登记的是银行存款增加的金额。

4."贷方金额"栏

"贷方金额"栏登记的是银行存款减少的金额。

5."余额"栏

"余额"栏登记银行存款的余额。

出纳应遵循"日事日毕"的原则,即当天的业务当天记录,记录当日发生额,并结出余额,最后合计本日借方、贷方发生额(见图 4-112)。

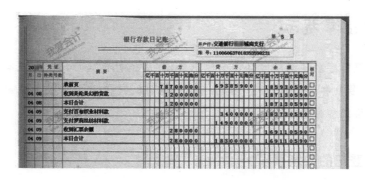

图 4-112　银行存款日记账（登记及本日合计）

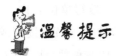 **温馨提示**

　　为了及时掌握银行存款收、付和结余情况，银行存款日记账必须当日账务当日记录，并于当日结出余额。

　　实际工作中，很多企业登记银行存款日记账时都没有合计本日的发生额，具体请根据公司的规定进行登记填写。

　　各企业对本日合计的划线方式有所不同，具体请根据公司的相关规定进行登记填写。

6. 银行存款日记账首行和末行填写

　　每一页日记账记完后，必须按规定结转下页。

　　结转时，应根据"承前页"的借方加上本页的借方发生数，得出"过次页"的借方金额，同理计算"过次页"的贷方金额，并算出余额，写在本页最后一行，并在摘要注明"过次页"。"承前页"的金额可以直接根据上页的"过次页"金额填写，并在摘要栏注明"承前页"字样（见图 4-113 和图 4-114）。

图 4-113　银行存款日记账（过次页）

图 4-114　银行存款日记账（承前页）

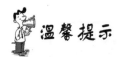温馨提示

　　银行存款日记账的格式多种多样，有些银行存款日记账并没有凭证种类、号数和票据号码栏，因此一般不填写。具体请根据银行存款日记账的格式和企业相关规定登记。

（二）登记的注意事项

1. 银行存款日记账的启用

　　启用银行存款日记账时，应在账簿启用表（见图 4-115）中填写单位名称、账簿名称、账簿编号和启用日期；在经管人员一栏中写明经管人员姓名、职别、接管或移交日期，由会计主管人员签名盖章，并加盖单位公章，同时贴上印花税票（注：现在账簿的印花税，一般直接在网上申报，不再贴花）。

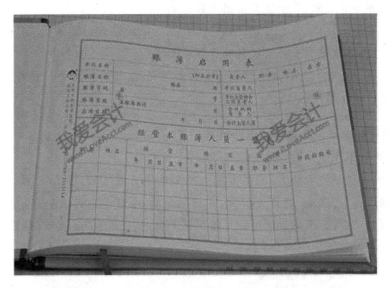

图 4-115　账簿启用表

2. 银行存款日记账的建账

　　银行存款日记账的建账同库存现金日记账的建账一样，也是将上年的账簿余额过渡到今年的新账簿上。

　　在每一会计年度结束后或者在银行存款日记账使用完毕时，要更换启用新的账簿，填写完"账簿启用表"后，在银行存款日记账上填写开户行、账号、年份，在摘要栏中写上"上年结转"，并将上年余额填入余额栏（见图 4-116）。

图 4-116　银行存款日记账

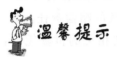

多个银行存款账户且业务量少时，可以将多个银行存款账户登记在同一本银行存款日记账中，但应在第二页"账户目录表"中注明各账户的名称和页码，以方便登记和查核。

3. 银行存款日记账的更改

情景案例

出纳钱多多在登记银行存款日记账时将一笔 1000.00 元的以转账支票方式支付货款金额记成了 100.00 元，在月底对账时才发现该错误。这时钱多多不知道该怎么办？

出纳手头上至少要有两类笔：红色水笔和黑色水笔。若发现错误，只需在错误的内容或数字上面画红线，并盖上出纳的私章，再把正确的摘要或数字记录在错误的上方就可以了。

银行存款日记账出现差错时，必须根据差错的具体情况采用划线更正、红字更正、补充登记等方法更正。出纳在登记账簿时，填写的文字、数字不能超过行高的二分之一，以备登记错误时可以进行修改操作（见图 4-117）。

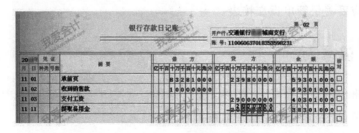

图 4-117　划线更正法

4. 银行存款日记账的保管

出纳登记完银行存款日记账后,应及时将账簿放到抽屉。除配合企业内外部查账、稽核等事项外,银行存款日记账一律不得外借,以防止财务信息泄露。

二、稽交单据

出纳付款的凭证是付款的证明。对出纳而言,这些凭证就跟银行存款一样,一旦丢失,如果没办法补办,那就很可能要自己承担相应金额的赔偿责任。为了减少因丢失凭证而发生的损失,降低赔偿风险,出纳应及时把相关的付款凭证移交给会计。

为了分清责任,出纳应在交接时编制一式两联的单据交接表(见图 4-118),简单记录交接单据的信息。

出纳单据交接表

20　　年

月	日	出纳编号	付款/收款	摘要	供应商/客户	经办人	收入金额	支出金额
06	12	银收061	收款	收到货款	桃多来		11700.00	
06	12	银付054	付款	支付货款	罗莉丝纺			34000.00
06	12	银付055	付款	支付货款	百布织业			10000.00
06	12	银收062	收款	收到货款	质与型服饰		50000.00	
				本日合计			61700.00	44000.00

会计:　　　　　　　　　　　　出纳:吕秦香

图 4-118　单据交接表

单据交接表的格式可以根据公司要求进行设置,必须涵盖当日收支的业务及金额。对于每天收支比较多的单位,出纳每天均需编制出纳日报,即将当日的现金收支情况、银行存款收支情况进行详细的说明,也有单位用出纳日报来代替交接表。但是出纳在将凭证交给会计时,必须双方确认签字后移交,以保证权责分明。交接完毕,出纳应妥善保管单据交接表。

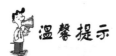

温馨提示

出纳交接单据前,应先网上查询或直接致电开户银行咨询银行存款的余额,然后同银行存款日记账余额进行核对。

实务中,出纳并非每天都要办理单据的移交手续。应根据公司规模的大小、业务的繁简等情况而定。可以每天移交,也可以几天或者几星期移交一次。但是出纳在移交前必须将相应的单据保管好,以免丢失。

第五篇

月末及其他业务

能力目标

- 熟练掌握出纳月末盘点与对账工作；
- 熟练掌握出纳月末结账工作；
- 熟练掌握资金报表的编制；
- 熟练掌握出纳的工作交接；
- 熟练掌握出纳凭证的购买与保管；
- 熟练掌握工资发放；
- 了解小企业出纳业务。

出纳除了日常要做好现金及银行结算等业务，月末还要处理一些业务，如将现金及银行存款进行账实核查，将当月的资金状况报告给领导及相关人员等（见图5-1）。最后，出纳还应该掌握工作交接、日常凭证的购买和保管、工资发放等业务。

图 5-1　出纳月末业务举例

出纳不仅要处理好日常业务，还应该具备处理月末业务以及其他本职工作的能力。

1. 月末业务

出纳要做好月结工作，这样才能保证账务及时核对，以减少出错。通过对账、盘点找出是否存在长短款及未达账项等，并将资金状况如实地编制成报表，提供给相关人员查看。

2. 其他业务

出纳每天要接触大量的凭证及资料，要做好保管工作；每个月，出纳还要为员工发放工资；在工作交接时，要清点好公司的财物，如现金是否与日记账相符，各类重要空白凭证是否存放妥当等。小企业的出纳，除了本职工作外，还需要做一些行政事项、采购事项等。

本篇的业务要点和知识要点见表5-1。

表 5-1　业务要点和知识要点

能 力 要 点	业 务 要 点	知 识 要 点
月末及其他业务	月末业务	月末盘点与对账
		月末结账
		编制资金报表
	其他业务	工作交接
		凭证的购买与保管
		工资发放
		小企业出纳业务

本篇的重点难点见表 5-2。

表 5-2　重点难点

业 务 目 标	重点难点	学 习 重 点	建议学时
月末盘点与对账	重点	盘点库存现金与现金日记账是否相符,库存现金、银行存款日记账的核对	2 课时
月末结账	重点、难点	对库存现金、银行存款日记账进行结账	1 课时
编制资金报表	难点	资金报表的编制	1 课时
工作交接	重点	交接表的填写	
凭证的购买与保管		日记账、盘点表、交接表等的保管	2 课时
工资发放		办理银行代发工资	
小企业出纳业务		出纳应掌握的行政事项	
合　　计			6 课时

业务 23　月末盘点与对账

出纳每天下班前不仅需要自查,盘点库存现金,到了月底,还需要做好相关的月末盘点及对账工作,保证账务及时核对,减少出错。

一、盘点

情景案例

出纳钱多多每天下班前都会将库存现金和现金日记账进行核对。月末,财务经理对钱多多说:"月末要对库存现金进行盘点,盘点完成后需要编制库存现金盘点表。"钱多多不解,问道:"我每日都对库存现金及现金日记账进行核对,没有任何错误,月末还需要进行盘点吗?"财务经理笑着说道:"平日核对与月末盘点的区别在于月末盘点需要有旁人监盘,因此月末需对库存现金进行盘点。"

每月月末,出纳至少要对库存现金进行一次盘点。盘点库存现金是证实账面现金是否存在的一项重要程序,是审查现金的一种必不可少的技术方法。

库存现金的盘点一般采用实地盘点法,以确定库存现金实有数。盘点时,一般由出纳盘点,会计或财务经理监盘,并填写库存现金盘点表。

库存现金盘点表(见图 5-2)的主要内容包括以下几项。

(1) 表头:按照实际情况填写。

(2) 部门:一般为财务部门。

(3) 会计期间:月末盘点当月的期间。

(4) 现金账面余额:库存现金日记账上面当月最后一笔业务的余额。

(5) 收入凭证未记账:收到现金和凭证,但盘点时还未登记库存现金日记账或盘点后才收到的凭证还没来得及登记库存现金日记账。

(6) 付出凭证未记账:付出现金和收到付出凭证,但是盘点时,还未登记库存现金日记账或盘点后才收到的付出凭证,还没来得及登记库存现金日记账。

(7) 调整后现金余额:现金账面余额＋收入凭证未记账－付出凭证未记账。

图 5-2　库存现金盘点表

（8）实点现金：保险柜实存、清点后的现金。

（9）说明：只需注明账实是否相符即可。

填写完库存现金盘点表之后，出纳及监盘人员要在上面签字。库存现金盘点表至少一式两份，出纳和监盘人员各留一份。

库存现金盘点表从外表形态看是一张很普通的表格，但该表格的内容可以反映出库存现金的账存与实存情况。

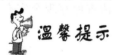

温馨提示

出纳每天核对库存现金和现金日记账是否相符，是对自己一天工作的一个核实，以确保当日现金收付正确，不发生差错。而月底盘点，一般都会由财务经理或者财务经理指定的会计监盘，证明库存现金数目与账面一致。

库存现金盘点表的格式有很多种，具体请根据公司规定填制。

二、对账

情景案例

出纳钱多多在公司工作将近一个月，月底最后一天下班前，钱多多像往常一样做好当天的工作，准备收拾东西回家，这时财务经理突然问她月末有没有对账。钱多多不明所以：出纳还需要对账？要如何对账呢？

对账简单来讲就是核对账目，具体来讲就是定期运用各种账簿记录进行核对，以保证账簿记录的真实性和准确性，保证会计报表数据的真实、可靠。

出纳对账工作的内容主要有库存现金日记账的核对和银行存款日记账的核对。

库存现金日记账和银行存款日记账是根据收、付款凭证逐笔登记的，因此核对账目的内容、金额、方向应完全一致。每月月末，出纳应根据库存现金日记账、银行存款日记账的余额与会计账上的现金、银行存款余额进行核对，核对的结果应当一致。

（一）库存现金日记账的核对

情景案例

出纳钱多多在月底整理库存现金日记账时，未对库存现金日记账进行相关的核对就直接在日记账上做"√"标记，之后交给财务经理审核。财务经理在审核的过程中发现，库存现金日记账上的余额与库存现金的余额不相符合，于是问钱多多。钱多多回答："平日每收入、支出一笔现金，就在日记账上进行登记，期间没有出错，怎么可能会不相符呢？"此话一出，钱多多受到了财务经理的严厉批评。

库存现金日记账的余额应与实际的库存现金核对相符。

每月月末，出纳应结出库存现金日记账的账面余额，再清查库存现金实有数，看两者是否完全相符。

（二）银行存款日记账的核对

银行存款日记账应与银行对账单核对相符。

出纳应根据银行出具的银行对账单，按照业务发生顺序一笔一笔核对。银行对账单（见图 5-3）是银行和企业核对账务的联系单，也是证实企业业务往来的记录，还可以作为企业资金流动的依据。

银行存款日记账与银行对账单核对的具体做法如下。

（1）出纳将银行对账单与银行存款日记账进行核对。

（2）核对时，需对凭证的种类、编号、摘要、记账方向、金额、记账日期等内容进行逐项核对。

（3）凡是对账单与银行存款日记账记录内容相同的，可用"√"在银行对账单和银行存款日记账上分别标示，以标明该笔业务核对一致。

图 5-3　银行对账单

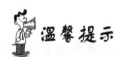温馨提示

出纳收到银行对账单后应及时与银行存款日记账进行核对。银行对账单借方发生额核对的是银行存款日记账贷方发生额；银行对账单贷方发生额核对的是银行存款日记账借方发生额（即相反方向）。

三、常见实务问题及处理

1. 问：库存现金日记账、银行存款日记账的余额与会计账上的现金、银行存款余额核对不符时，该如何处理？

答：通过核对，若发现双方账目不一致，应先查明核对不符的原因（见图 5-4）。针对不同的原因，应采取不同的方法予以更正。

（1）漏记：应及时进行补充登记。

（2）重记：应在重复的其中一行画一道通栏红线，并加盖"此笔作废"及个人签章。

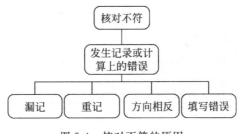

图 5-4　核对不符的原因

（3）方向相反：应先用红字填写一行与原错误行内容相同的红字金额表示冲销，再用蓝、黑字填写一行正确方向的金额。

（4）填写错误：分为数字或文字错误，出纳应先在错误的数字或文字正中画一道红线表示注销，然后在错误数字或文字上方写上正确的数字或文字，并在改正处加盖个人印章，以示负责。

2. **问**：核对银行存款日记账与银行对账单时产生未达账项，该如何处理？

答：产生未达账项的原因见图 5-5。

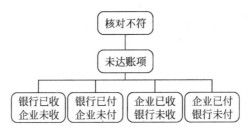

图 5-5　产生未达账项的原因

未达账项就是公司与银行之间对同一项经济业务由于凭证传递上的时间差所形成的一方已登记入账，而另一方因未收到相关凭证尚未登记入账的事项。

若发生未达账项，应编制银行存款余额调节表（见图 5-6）进行调节，使双方余额相等。银行存款余额调节表的目的主要在于调整企业账目与银行账目的差异。

登记银行存款余额调节表，首先要填入开户银行、账号、日期、银行存款日记账的余额及银行对账单的余额。具体填制方法如下。

（1）左边部分根据银行对账单上，银行存款日记账未登记到的部分填入。

"银行已收，企业未收"表示银行对账单已经体现收入，但是企业可能还没有收到单据，如委托银行收款，结算凭证还未送达企业。

"银行已付，企业未付"表示银行对账单已经体现支出，但是企业可能还没有收到单据，如银行代扣电话费。

（2）右边部分根据银行存款日记账上，银行对账单未登记部分填入。

"企业已收，银行未收"表示银行日记账上已经登记收款，但是单据还没有传递

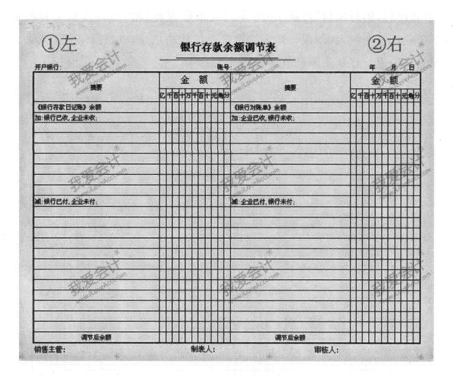

图 5-6 银行存款余额调节表

到银行,如收到客户转账支票,但未到银行办理进账。

"企业已付,银行未付"表示银行日记账上已经登记付款,但是单据还没有传递到银行,如开出支票付货款,但持票人尚未提现或转账。

银行存款余额调节表中的调节后余额的计算如下。

左边部分的余额 =银行存款日记账的余额 +"银行已收,企业未收"

 —"银行已付,企业未付"

右边部分的余额 =银行对账单的余额 +"企业已收,银行未收"

 —"企业已付,银行未付"

例如,出纳月末将银行对账单与银行存款日记账核对后发现有几笔业务不相符。经核查,这几笔业务都是未达账项,此时需编制银行存款余额调节表。

"银行已收,企业未收"包括"0929 收回货款♯2205",是由于银行已经登记入账,企业尚未收到银行收款通知,所以企业未登记入账。

"银行已付,企业未付"包括"0926 代付电话费♯3201"和"0930 代交电费♯3202",是由于银行已经登记入账,企业尚未收到银行付款通知回单,所以企业未登记入账。

"企业已收,银行未收"包括"0929 收到货款",是由于企业已经登记入账,银行尚未收到企业收款信息,所以银行未登记入账。

　　"企业已付，银行未付"包括"0926 支付汽车修理费"和"0930 支付上月材料款"，是由于企业已经登记入账，银行尚未收到企业付款信息，所以银行未登记入账。

　　编制后的银行存款余额调节表见图 5-7。

银行存款余额调节表

开户银行：交通银行▇▇城南支行　　　　　账号：110060637018353598231　　　　　20▇▇ 年 10 月 06 日

摘要	金额	摘要	金额
《银行存款日记账》余额	￥51007190	《银行对账单》余额	￥54626170
加：银行已收，企业未收：		加：企业已收，银行未收：	
0929收回贷款#2205	￥3400000	0929收到贷款	￥320000
减：银行已付，企业未付：		减：企业已付，银行未付：	
0926代付电话费#3201	￥121020	0926支付汽车修理费	￥600000
0930代交电费#3202	￥200000	0930支付上月材料款	￥260000
调节后余额	￥54086170	调节后余额	￥54086170

销售主管：　　　　　　　　制表人：　　　　　　　　审核人：

图 5-7　编制后的银行存款余额调节表

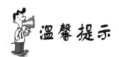温馨提示

　　（1）银行存款余额调节表只能起到核对账目的作用，不得用于调整银行存款账面余额，不属于原始凭证。

　　（2）银行存款余额调节表一般由会计人员编制，但有些企业由出纳编制，因此出纳也应掌握银行存款余额调节表的编制。

业务 24 月 末 结 账

情景案例

出纳钱多多在完成月末对账后,直接把现金日记账和银行存款日记账交给财务经理审核,财务经理在审核时发现钱多多并未对现金、银行存款日记账进行结账,于是,让钱多多将未完成的结账工作完成。钱多多疑惑:什么是结账?月末该如何结账?

结账是指把一定时期内发生的全部经济业务和相应的财产收支情况,定期进行汇总、整理、总结的工作。每个单位都必须按照有关规定定期做好结账工作。

结算期内发生的各项经济业务要全部入账,不能提前也不得延时结账。对于库存现金日记账及银行存款日记账应当结出本期发生额和期末余额。

一、月末结账的方法

月末结账是以一个月为结账周期,每个月末对本月内的库存现金、银行经济业务情况进行总结。

(1)在该月最后一笔经济业务下一行"摘要"栏内注明"本月合计"字样。

(2)在"借方""贷方"和"余额"栏内分别填入本月合计数和月末余额,并在这一行下面画一条通栏单红线。

(3)对需逐月结算本年累计发生额的账户,应逐月计算从年初至本月份止的累计发生额,并登记在月结的下一行,在"摘要"栏内注明"本年累计"字样,并在这一行下面画一条通栏单红线,以便与下月发生额划清(见图5-8)。

温馨提示

部分企业月末结账时,直接在该日、该月最后一笔经济业务下面画一条通栏单红线,这种做法也是可以的,出纳应当有所了解。

部分企业月末结账时,只结出"本月合计"而不结出"本年累计",这种做法也是可以的,具体情况可根据企业而定。

20__年 月	日	凭证 种类号数	票据号码	摘要	借方 百十万千百十元角分	贷方 百十万千百十元角分	余额 百十万千百十元角分	核对
				承前页	27058600	27006000	120400	✓
09	05			提取备用金	3000000		3120400	✓
09	06			报销差旅费		230000	2890400	✓
09	09			收到赔偿款	100000		2990400	✓
09	10			收到城南废品收购站废料款	50000		3040400	✓
09	11			预借差旅费		300000	2740400	✓
09	12			报销招待费		200000	2540400	✓
09	15			收到现金贷款	500000		3040400	✓
09	16			存现		500000	2540400	✓
09	18			报销办公费		700000	1840400	✓
09	19			支付工资		340000	1500400	✓
09	21			收到零售款	100000		1600400	✓
09	23			收到员工罚款	10000		1610400	✓
09	26			报销市内交通费		50000	1560400	✓
09	28			报销维修费		80000	1480400	✓
09	30			本月合计	3928400	3402980	1480400	✓
09	30			本年累计	30818600	29406000	1480400	✓

图 5-8　库存现金日记账月结账

二、常见实务问题及处理

1. **问**：如果本月只发生一笔经济业务，是否需结出本月合计呢？

答：如果本月只发生一笔经济业务，由于此笔记录的金额就是本月发生额，结账时只要在这项记录下画一红线，表示与下月的发生额分开就可以了，可以不结出"本月合计"数。

2. **问**：如果月末结账的月份是在 12 月底，应如何进行月结？

答：如果月结的那个月刚好是 12 月底，那么不仅需要月结，同时还要进行年结。年结是以一年为周期，对本年度内各经济业务情况及结果进行总结。

（1）在年末，将全年的发生额累计，登记在 12 月合计数的下一行。

（2）在"摘要"栏内注明"本年累计"字样，并在这一行下面画上通栏双红线，以示封账（见图 5-9）。

3. **问**：年度终了结账时，如何把余额结转到下一会计年度呢？

答：年终时，结出全年发生额和年末余额。

（1）年末若无余额，则无须把余额"0"再次填写到下一会计年度。

（2）年末若有余额，则需要把余额结转到下一会计年度，只在摘要栏注明"结转

银行存款日记账　第 26 页

开户行：交通银行城南支行

账号：110060637018353598231

月	日	凭证种类	凭证号数	摘要	借方	贷方	余额	核对
				承前页	2037430000	1964880000	100600000	☑
12	31			存入销售货款	300000		100900000	☑
12	31			支付运费		430000	100470000	☑
12	31			支付银行手续费		120000	100350000	☑
12	31			本月合计	178000000	140000000	100350000	☑
12	31			本年累计	2037730000	1965430000	100350000	☑

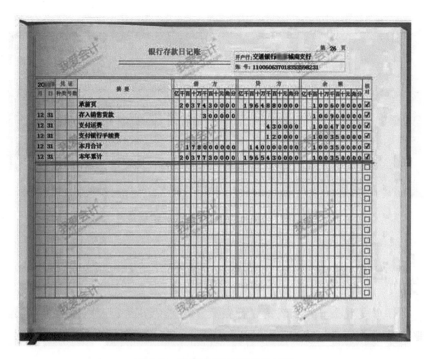

图 5-9　银行存款日记账年结账

下年”字样(见图 5-10)。在下一会计年度新建有关会计账簿的第一行“余额”栏内填写上年结转的余额,并在摘要栏注明“上年结转”字样(见图 5-11)。

银行存款日记账　第 26 页

开户行：交通银行城南支行

账号：110060637018353598231

月	日	凭证种类	凭证号数	摘要	借方	贷方	余额	核对
				承前页	2037430000	1964880000	100600000	☑
12	31			存入销售货款	300000		100900000	☑
12	31			支付运费		430000	100470000	☑
12	31			支付银行手续费		120000	100350000	☑
12	31			本月合计	178000000	140000000	100350000	☑
12	31			本年累计	2037730000	1965430000	100350000	☑
				结转下年			100350000	☐

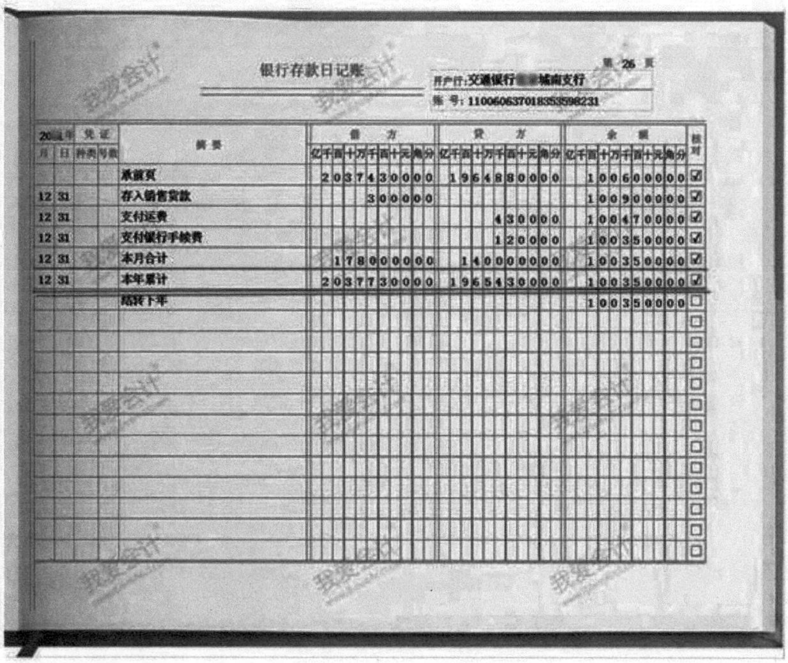

图 5-10　银行存款日记账(结转下年)

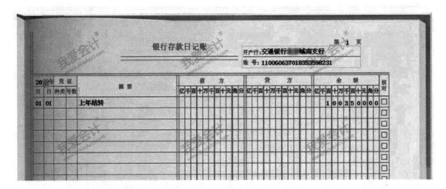

图 5-11　银行存款日记账（上年结转）

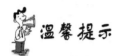温馨提示

　　不管是现金日记账还是银行存款日记账的日结、月结、年结等，其结账方法都是一样的。

业务 25　编制资金报表

资金报表能反映企业在一段时间内包含库存现金、银行存款等所有资金收付的总体情况。出纳除了登记每天的收支流水账外,月末还要总结本月的工作成果,其中之一便是资金报表。因此,编制并提供资金报表是出纳的又一项必不可少的重要工作。

一、资金报表的编制

资金报表主要是用于反映一段时期内企业资金的收支、结余等情况。及时、准确地编制资金报表能为管理层经营决策提供依据。

(一) 资金报表的结构

资金报表(见图 5-12)应当包括"表头"、横列的"资金来源"、纵列的"收支项目"和"审批栏"。其中,"资金来源"主要包括现金和银行存款项目,"收支项目"包括上期结余数、本期收入项目、本期支出项目、本期资金结余数。

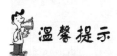

温馨提示

资金报表的格式可根据各公司或者使用者的需要进行设计,以保证能够满足资金管理和分析的需要。

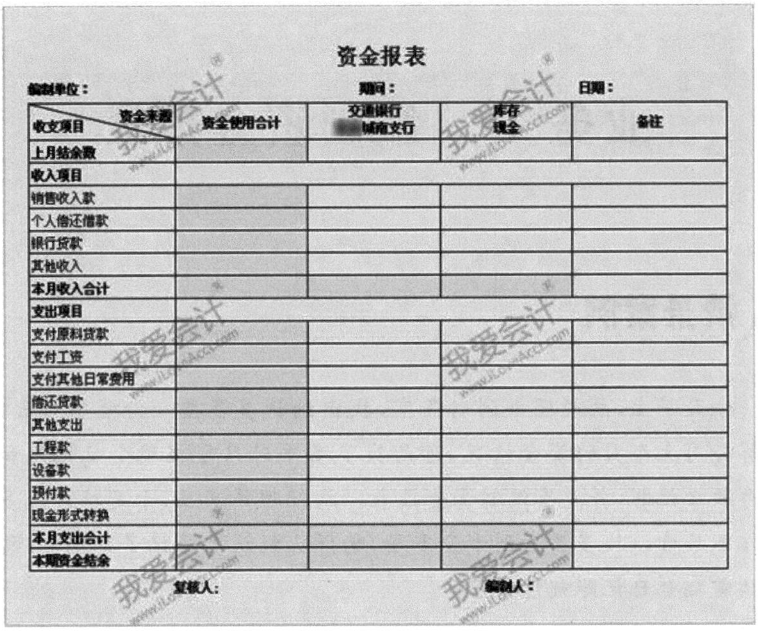

资金报表

编制单位： 期间： 日期：

资金来源 / 收支项目	资金使用合计	交通银行 城南支行	库存现金	备注
上月结余数				
收入项目				
销售收入款				
个人偿还借款				
银行贷款				
其他收入				
本月收入合计				
支出项目				
支付原料货款				
支付工资				
支付其他日常费用				
偿还贷款				
其他支出				
工程款				
设备款				
预付款				
现金形式转换				
本月支出合计				
本期资金结余				

复核人： 编制人：

图 5-12 资金报表

(二)编制方法

资金报表分别记录资金项目的收入和支出、结余情况。计算公式为

本期资金结余=上期结余数+本期收入合计－本期支出合计

其中,本期收入合计等于现金、银行存款项目的增加;本期支出合计等于现金、银行存款的减少。

一般来说,资金报表分为现金和银行两部分,主要包括收入、支出和余额这三个项目。

现金部分体现在库存现金日记账(见图 5-13)上,银行部分体现在银行存款日记账(见图 5-14)上。

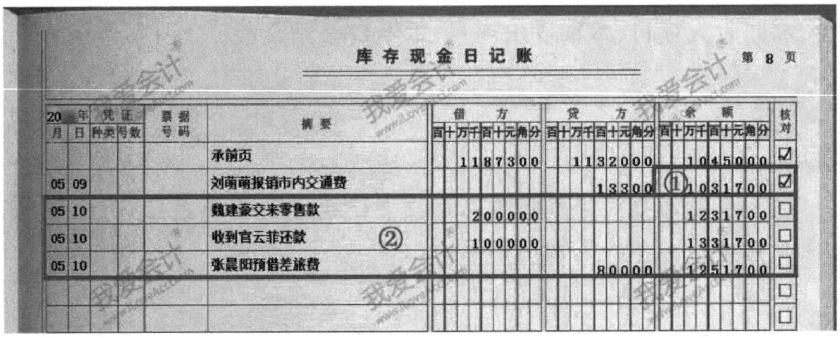

库存现金日记账 第 8 页

月	日	凭证种类	凭证号数	票据号码	摘要	借方	贷方	余额	核对
					承前页	1187300	1132000	1045000	☑
05	09				刘萌萌报销市内交通费		13300	① 1031700	☑
05	10				魏建豪交来零售款	200000		1231700	□
05	10				收到官云非还款 ②	100000		1331700	□
05	10				张晨阳预借差旅费		80000	1251700	□

图 5-13 库存现金日记账

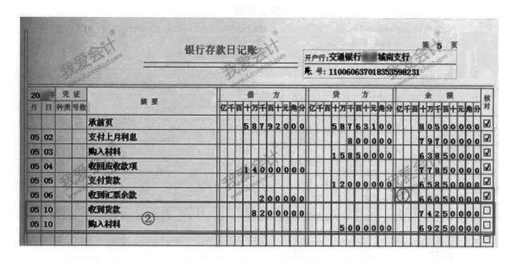

图 5-14　银行存款日记账

资金报表的编制方法如下。

1．填列上期结余数

（1）库存现金的上期结余，体现在库存现金日记账（见图 5-13）上面的①部分。

（2）银行存款的上期结余，体现在银行存款日记账（见图 5-14）上面的①部分。

2．根据日记账借方，填列收入项目

（1）库存现金日记账（见图 5-13）上面②部分的"魏建豪交来零售款"和"收到官云菲还款"，记录到资金报表的"销售收入款"和"个人偿还借款"里面。

（2）银行存款日记账（见图 5-14）上面②部分的"收到货款"，记录到资金报表的"销售收入款"里面。

3．根据日记账贷方，填列支出项目

（1）库存现金日记账（见图 5-13）上面②部分的"张晨阳预借差旅费"，记录到资金报表的"其他支出"里面。

（2）银行存款日记账（见图 5-14）上面②部分的"购入材料"，记录到资金报表的"支付原料货款"里面。

4．计算、填写资金使用合计

资金的使用合计是累计库存现金和银行存款所有金额的合计数。

5．计算、填写本期资金结余

本期资金结余＝上期结余数＋本期收入的合计数－本期支出的合计数

编制后的资金报表见图 5-15。

资金报表

收支项目	资金来源 / 资金使用合计	交通银行 城市南支行	库存 现金	备注
上期结余数	670817.00	660500.00	10317.00	
收入项目				
销售收入款	84000.00	82000.00	2000.00	
个人借还借款	1000.00		1000.00	
银行贷款				
其他收入				
本期收入合计	85000.00	82000.00	3000.00	
支出项目				
支付原料货款	50000.00	50000.00		
支付工资				
支付日常费用				
借还贷款				
其他支出	800.00		800.00	
工程款				
设备款				
预付款				
现金形式转换				
本期支出合计	50800.00	50000.00	800.00	
本期资金结余	705017.00	692500.00	12517.00	

编制单位：□□出与纳股份有限公司　　期间：20□□年05月10日-05月10日　　日期：20□□年05月10日

复核人　李尚民　　编制人　吕春香

图 5-15　编制后的资金报表

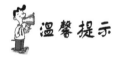

温馨提示

　　编制资金月报表的原则和方法与资金日报表一样。上月结余数根据日记账中上月的"本月合计"数填写，本月相应项目的填写按月来累计。

　　资金报表上各项收入或支出所填的均为当期的合计发生数：

$$期末余额＝期初余额＋收入项目－支出项目$$

二、常见实务问题及处理

　　1. 问：资金报表重要吗？出纳为什么要编制资金报表？

　　答：资金报表的最大作用在于反映企业在一段时间内现金及银行存款的整体收付情况，并以此向企业的管理层提供整体的资金信息，是企业管理活动中必不可少的一份报表。相对于记流水账式的银行存款日记账和库存现金日记账，资金报表所反映的企业资金信息既直观又简洁。

　　2. 问：如何检验资金报表的正确性？

　　答：检验资金报表正确与否的方法是，将库存现金收入合计数与同一时段的库存现金日记账借方合计数比较,库存现金支出合计数与同一时段的库存现金日记账贷方合计数比较,期末余额与同一时段库存现金日记账的余额比较,同时将现金余额与实际现金比对;比较完现金后,还需将银行存款合计数与银行存款日记账比较,其操作方式与现金一样。

3. **问**:资金报表中的银行账户是不是只需罗列两个? 其他账户是不是不用列进去?

答:不是。不管有多少个银行账户,都要罗列到资金报表上。所有的银行账户里面的资金都是企业的使用资金。

4. **问**:资金报表是不是每个月编制一次?

答:不是。资金报表分为日报表、月报表、季报表等。有的企业资金流动量比较大,老板会要求出纳一天编制一次。具体应根据企业的实际需求进行编制。

业务 26　工 作 交 接

情景案例

　　钱多多的好友小江因工作调动,财务部决定将其工作交接给新来的出纳小李接管。由于小江从未做过出纳工作交接而向钱多多请教,钱多多也未做过工作交接,因此并不知该如何与新出纳办理工作交接手续。

　　出纳工作交接是指企业的出纳人员因离职、调动、长时间请假等不能在原出纳岗位工作时,由原出纳将有关的工作和资料票证交给新任出纳的过程。

法律法规

中华人民共和国会计法

　　第四十一条　会计人员调动工作或者离职,必须与接管人员办清交接手续。

　　一般会计人员办理交接手续,由会计机构负责人(会计主管人员)监交;会计机构负责人(会计主管人员)办理交接手续,由单位负责人监交,必要时主管单位可以派人会同监交。

　　出纳工作交接要按照会计人员交接的要求进行。在调职或者离职时与接管人员办清交接手续是出纳人员应尽的职责。做好交接工作可以使出纳工作前后衔接,防止账目不清、财务混乱。没有办理工作交接手续的,不得调动或离职。

一、出纳工作交接的程序

(一)交接前的准备工作

为了顺利做好交接工作,移交人和接交人在正式交接前应做好各项准备工作。

(1)将尚未登记收、支业务登记完毕,并在最后一笔余额后加盖个人私章。

(2)现金账面余额与实际库存现金核对一致,银行存款账面余额与银行对账单核对一致。

（3）在库存现金日记账、银行存款日记账启用表上填写移交日期，并加盖个人私章。

（4）整理应移交的各种资料，对未了事项做出书面说明。

（5）编制出纳工作交接表（见图5-16），列明应移交的资料。

出纳工作交接表

单位：████出与纳股份有限公司　　　　　　　　日期：20██ 年 09 月 03 日

移交项目	备注
一、具体业务移交	
1.库存现金：09月03日，账面余额￥27832.00元，实存相符。	
2.银行存款：09月03日，账面余额￥409030.00元，经查询与银行实存数相符。	
3.	
二、移交的会计凭证、账簿、文件	
1. 库存现金日记账一本	
2. 银行存款日记账一本	
3. 空白现金支票二张（30106010：23097902-24－－23097903-25）	
4. 空白转账支票六张（30106024：23902090-20－－23902095-25）	
5. 现金支票使用登记簿一本	
6. 转账支票使用登记簿一本	
7.	
8.	
9.	
10.	
11.	
12.	
三、印鉴	
1. 现金收讫章一枚	
2. 现金付讫章一枚	
3. 作废章一枚	
4.	
四、其他物品	
1. 保险柜一个，钥匙一把	
2. 点钞机一台	
3. 支付密码器一台	
4.	
五、责任划分	
交接前后工作责任的划分：20██年09月03日前的出纳责任事项由前出纳负责，20██年09月03日起的出纳责任事项由新出纳负责。以上交接事项均经交接双方认定无误。	
六、本交接书一式三份，双方各执一份，存档一份	

移交人：　　　　　　　接交人：　　　　　　　监交人：

图5-16 出纳工作交接表

出纳工作交接表的编写应注意以下几点。

（1）具体业务移交：包括库存现金、银行存款等。

（2）移交的会计资料、账簿、文件：包括各种票据、支票簿、各种文件资料和其他业务资料等。

（3）印鉴：包括现金收讫章、现金付讫章、作废章等业务专用章。

（4）其他物品：包括办公室、办公桌与保险工具的钥匙、各种保密号码、公用会计工具、器具等。实行会计电算化的单位，移交人员应当在出纳工作交接表中列明财务软件及密码、数据磁盘（磁带）及有关资料、实物等内容。

（5）责任划分：包括交接前后出纳工作责任事项的划分。

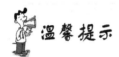

交接空白支票、发票和结算业务申请书时，应当备注其票号，以备核查。

（二）正式交接的阶段

出纳离职交接必须在规定的期限内完成。接交人应认真按出纳工作交接表当面点收。

（1）接交人应核对库存现金日记账与库存现金、银行存款日记账与银行对账单的余额是否相符。如有不符，应由移交人查明原因，在出纳工作交接表中注明，并负责处理。

（2）接交人按出纳工作交接表点收现金收付讫章、作废章、银行收付讫章及其他出纳资料等，物品必须完整无缺，不得遗漏。如有短缺，由移交人查明原因，在出纳工作交接表中注明，并负责处理。

（3）接交人办理接收后，应在库存现金日记账、银行存款日记账启用表上填写接收时间，并签名或盖章。

（4）交接完毕后，交接双方和监交人要在出纳工作交接表中签名或盖章。

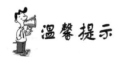

出纳工作交接的具体内容视各单位的具体情况而定，情况不一样，移交的内容也不一样。

二、常见实务问题及处理

1. 问：交接后发现前任出纳有违规行为，需要接交人负责吗？

答：不需要。交接后，如发现移交人在交接前经办的出纳业务有违反财务会计制度和财经纪律的，仍应由移交人负责。交接后，移交人仍有责任协助接交人办理移交前的未了事项。

2. **问**：新出纳可以继续使用前出纳使用的 u-key 吗？

答：不能，为了安全起见，新出纳要重新申请办理属于自己户名的 u-key。

3. **问**：为划分责任，新出纳不想使用原先的会计账簿，可以另立新账吗？

答：不可以。应继续使用移交的账簿，不得自行另立新账，以保持会计记录的连续性。

业务 27 凭证的购买与保管

实务中,出纳工作不仅要办理日常现金业务的收付,银行结算业务的收付,月末的对账、结账等,还需要购买相关凭证及保管相关的资料。

一、凭证购买

情景案例

　　钱多多发现现金支票用完了,于是到银行想拿些回来备用。结果,银行柜员告诉钱多多,空白支票是需要购买的,要填制空白凭证领用单。钱多多觉得很奇怪:为什么我可以直接拿进账单、现金解款单,而现金支票却需要购买呢?

现金支票、转账支票、银行承兑汇票等需要盖上银行预留印鉴的凭证,都需要向银行购买,其他的如进账单、现金解款单等则可以直接在银行柜台领取。

一般情况下,出纳不能等到这些单据用完了再去购买,这种做法比较危险,因为有的时候刚好有业务比较紧张需要付款,如果这时候没有付款单据,就会影响公司的正常运营。出纳购买凭证的时候可以多买几本,这样会减少出纳跑银行的次数。

出纳购买凭证时,先要填写空白凭证领用单,然后盖上银行预留印鉴(见图 5-17),

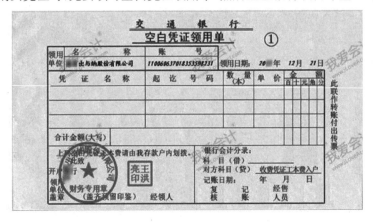

图 5-17 填写、盖章后的空白凭证领用单

再提交给银行。银行审核无误后,收取手续费及工本费后,会让出纳在银行的票据领用簿上签收,然后将空白凭证和收费单(见图5-18)交给出纳。

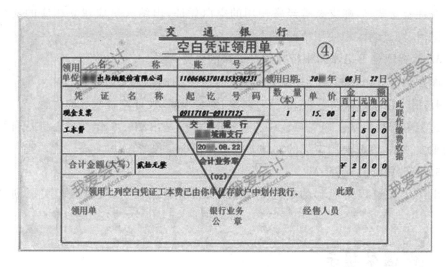

图 5-18　空白凭证领用单(缴费收据)

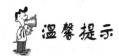 温馨提示

　　每个银行对于空白凭证的购买都有各自的规定,如在建设银行购买凭证时,还需提供经办人的身份证;在工商银行购买凭证时,不仅要提供经办人的身份证,还要输入购买凭证的密码。具体情况请咨询开户银行。

　　实际工作中,购买空白凭证时,因为当时出纳不知道支票号码是多少,所以起讫号码、单价、金额以及工本费一般不在空白凭证领用单上直接填写,而是在购买时由银行填写。目前,支票每本15元,工本费每本5元的价格是固定的。

二、凭证保管

　　每一个财会人员都有责任保证会计凭证的完整与安全,出纳保管的凭证包括各种收付款单据、空白和作废的票据、库存现金日记账和银行存款日记账、现金盘点表、银行对账单、资金报表、凭证交接表、工作交接表等。

　　出纳在保管这些凭证时,应该注意以下事项。

1. 现金收付款单据的保管

现金收付款单据应在业务办理完毕后及时存放到抽屉中,防止丢失。下班前还应将收付款单据及时交接给会计，并编制移交清单，以明确责任。

2. 现金支票、转账支票等空白及作废凭证的保管

对现金支票、转账支票等经常使用的空白凭证，出纳人员应建立相应的购买使用登记簿，对其购入和使用情况及时进行登记。

3. 库存现金日记账和银行存款日记账的保管

库存现金日记账和银行存款日记账要设立专门的档案柜进行保管。

4. 银行存款余额调节表、银行对账单、资金报表、凭证交接表等的保管

这类单据是出纳工作风险转移的重要依据，也是出纳在工作岗位上进行自我保护的重要依据，因此要用专门的文件夹或文件柜进行保管。

5. 其他凭证的保管

出纳工作过程中遇到的其他类型的单据，应遵循保密、安全等相关原则进行保管。

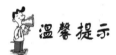温馨提示

未把单据交接给会计前，出纳一般不能把现金收支的相关单据借给他人。

对作废的凭证，出纳应单独设立保存专册。处理作废单据时，要经过公司相关领导的批准才能进行。

现金日记账和银行存款日记账的保管期限为 25 年。库存现金日记账和银行存款日记账的保管，要注意防潮、防蛀等，避免对账簿保存造成不利影响。

银行存款余额调节表、银行对账单的保管期限为 5 年。

出纳凭证在保存期满后，需要办理销毁的，要经领导审查并报经上级主管部门批准后才能进行。在销毁凭证资料时，应由凭证保管部门和财务部门共同派人监销。

业务 28 工 资 发 放

工资发放是员工最期待的时刻。但对出纳来说,却是既期待又紧张的时刻,因为出纳发放工资时不能有任何失误,要做到静心、细心。

一、发放准备

每家公司工资发放的时间和情况都会有所差别。一般来说,出纳到新公司上班时,要先问明白工资发放时间、工资单需要哪些人审批、以何种形式发放等(见图 5-19)。

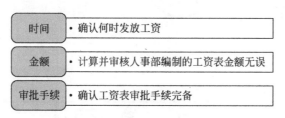

图 5-19 发放工资前的准备工作

二、发放工资

做完准备工作之后,接下来就是正式发放工资了。实务中,工资发放有两种形式:现金发放和银行代发。

(一)现金发放

情景案例

钱多多所在公司半个月前来了一位新员工,发放工资时,财务经理要求钱多多对这位新员工采用现金方式发放。由于在发放工资时,钱多多未让新员工签名确认其所领取工资金额,之后新员工找财务经理投诉说钱多多少付她工资。钱多多没有证据证明自己没有少付工资,于是钱多多受到财务经理的严肃批评。

现金发放工资,即以现金的形式来发工资。每月发工资之前,出纳需先根据已经审批签字的工资表的实发金额,填写现金支票去银行取现。现金发放工资的流程见图 5-20。

图 5-20　现金发放工资的流程

1. 取现

出纳应先到开户行支取现金以备发放工资(见图 5-21)。

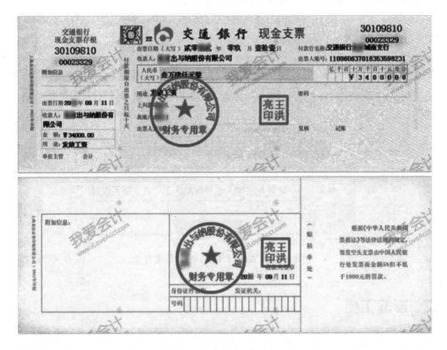

图 5-21　现金支票(取现)

2. 签名

要求领款人在工资表上签名并写上身份证号码。

3. 发放

发放工资时,出纳与领款人应在现场确认钞票真伪,确认无误后出纳应当告知领款人若离开后发现假钞不予退回。

4. 盖章

工资发放完毕,出纳应在工资表上加盖现金付讫章,同时将工资表交给会计做账。

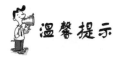

现金发放工资时,出纳应逐个人员发放,未叫到的人员在办公室外面等候。如果公司人员不多,可以先将每个人员的工资点清再放入不同的信封袋,等员工来领工资时,双方再重新点收。

实务中为了简便,有些企业现金发放工资时只需员工签字而不用写身份证号码。

(二)银行代发

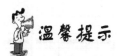

随着钱多多所在公司人员不断增加,工资发放数量也越来越大,于是财务经理让钱多多去银行办理银行代发工资业务。钱多多疑惑:银行还能帮公司代发工资?

银行代发工资是公司委托银行向全国范围内的公司员工代发工资的一项服务。公司委托银行代发工资时,一般需要与银行签订代发工资协议。签订协议后,公司每个月的工资就可以通过银行转账。

银行代发工资的流程见图5-22。

图 5-22 银行代发工资的流程

1. 签订协议

公司第一次办理银行代发工资业务之前,应先与开户银行签订一份代发工资协议书,声明双方的责任、义务及后期事项等(见图5-23)。

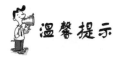

不同银行的代发工资协议书版本不同,具体可咨询开户行。

2. 工资划转

一般情况下,企业会在银行开立一个专门用于发放工资的账户。工资发放时,出纳应按照代发工资协议书约定的时间将代发工资资金足额划转到开户行指定账

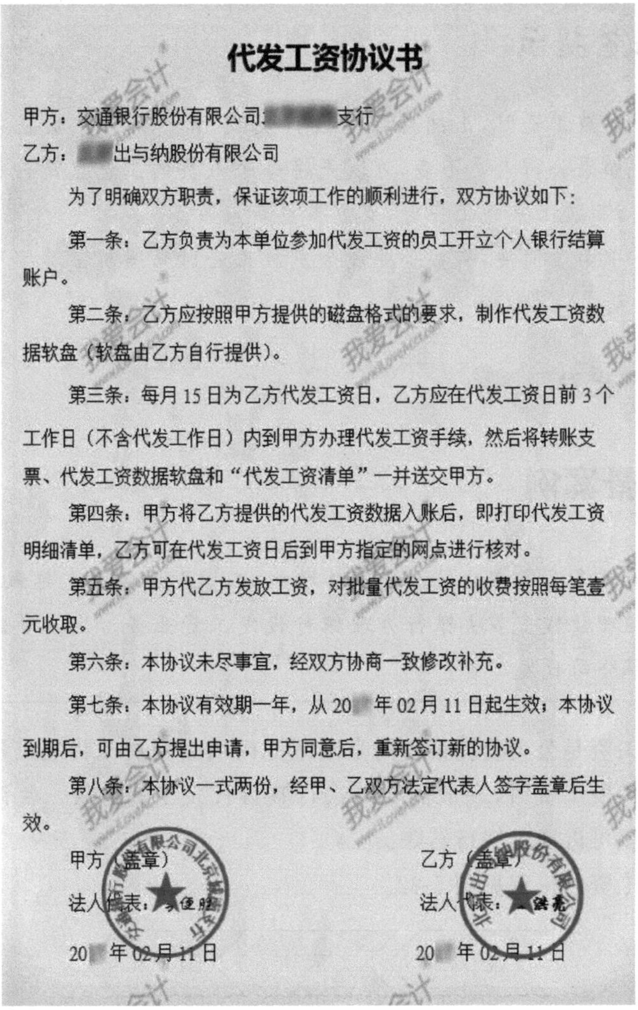

图 5-23　银行代发工资协议书

户,并向开户行提供书面代发工资清单、转账支票及进账单。

（1）代发工资清单。代发工资清单应涵盖人员姓名、账号、部门、工资情况等事项（见图 5-24）。

工资明细表												
日期	员工编号	姓名	账号	所属部门	基本工资	奖金	补贴	加班费	应发工资	缺勤扣款	所得税	实发工资
20　年9月	1	昌睿菁	11006063701835359663	财务部	2000	200	120	40	2360	0	0	2360
20　年9月	2	张晨阳	11006063701835359523	业务部	2500	200	100	80	2880	0	0	2880
20　年9月	2	照建录	11006063701835359462	采购部	2500	200	120	80	2900	0	0	2900

图 5-24　代发工资清单

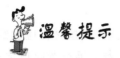

温馨提示

　　不同银行提交代发工资明细清单的方式不一样,有些银行要求提交纸质的工资清单,有些银行要求按照银行发放的软件导入工资清单。具体提交方式可咨询开户行。

　　(2)转账支票及进账单。委托银行代发工资时,出纳需开具转账支票,将工资从基本存款账户转出至代发工资专用户(见图5-25)。

图 5-25　转账支票(发放工资)

开具完转账支票后,出纳还需要填写一式三联的进账单(见图5-26)。

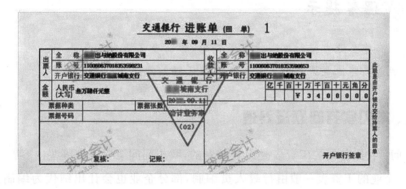

图 5-26　进账单

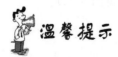

温馨提示

　　开具转账支票时,收款人写本公司全称,用途写发放工资,同时需在转账支票上加盖银行预留印鉴。

　　银行办理工资划转后,会将进账单回单联交给出纳。进账单收款人为本公司全称,账号为银行建立的代发工资专用户账号。

3. 履约入账

开户行按照代发工资协议约定及出纳提供的代发工资清单,按时将应发给员工的工资足额转入每位员工的储蓄账户,并收取一定的手续费。手续费收取完毕,银行会交予出纳一张收费凭证,证明所收取的手续费用(见图5-27)。

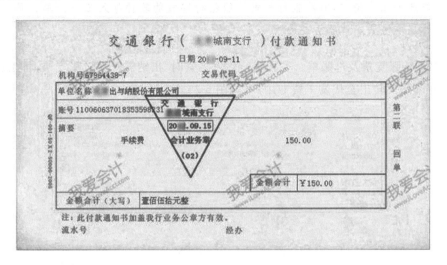

图 5-27　手续费回单

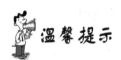

有些企业去银行办理代发工资时,银行会要求企业带上相应的工资手册。具体情况请咨询企业委托发放工资的开户行。

三、常见实务问题及处理

1. **问**：我们公司的工资表是出纳编制的,我想问问工资表有哪些内容?

答：企业的工资表一般由行政人员编制,部分企业也会让出纳代为编制。工资表的主要内容包括应发工资、个人社保、个人住房公积金、个人所得税和实发工资等项目。其中,应发工资包括了基本工资、奖金、补贴等项目(见图5-28)。

每个企业的工资表设置的项目是不一样的,所产生的应发工资的计算也是不一样的。具体请根据实际情况而定。

2. **问**：工资表上,出纳关注的内容是实发工资,那么实发工资是怎么计算的呢?

| | | | | 20　年5月工资表 | | | | | | |
| | | | | 20　年6月1日 | | | | | | |
部门	职位	姓名	基本工资	奖励	电话补贴	应发工资	个人缴纳社会保险	个人缴纳公积金	个人所得税	实发工资
总经办	总经理	王洪亮	10000.00	200.00		10200.00	258.00	300.00	673.40	8968.60
总经办	助理	刘萌萌	4000.00	200.00	300.00	4500.00	258.00	300.00	13.26	3928.74
行政部	行政经理	李顺娇	4200.00	200.00		4400.00	258.00	300.00	10.26	3831.74
行政部	行政人员	宫云菲	2400.00	200.00	200.00	2800.00	258.00	300.00	0.00	2242.00
财务部	财务经理	李尚昆	8000.00	200.00		8200.00	258.00	300.00	309.20	7332.80
财务部	会计	王树清	5000.00	200.00		5200.00	258.00	300.00	34.26	4607.74
财务部	出纳	吕春香	3500.00	200.00	200.00	3900.00	258.00	300.00	0.00	3342.00
销售部	销售经理	崔颖强	8000.00	200.00	500.00	8700.00	258.00	300.00	373.40	7768.60
销售部	销售人员	张晨阳	4500.00	200.00	500.00	5200.00	258.00	300.00	34.26	4607.74
采购部	采购经理	王正常	5000.00	200.00	200.00	5400.00	258.00	300.00	40.26	4801.74
采购部	采购人员	赵倩丽	3000.00	200.00	200.00	3400.00	258.00	300.00	0.00	2842.00
生产部	生产部经理	曹华英	7000.00	200.00		7200.00	258.00	300.00	209.20	6432.80
生产部	生产人员	赖青云	3000.00	200.00		3200.00	258.00	300.00	0.00	2642.00

图 5-28　工资表

答：实发工资是企业发放给员工，员工实际拿到的工资。实发工资是应发工资扣掉个人社会保险费、个人住房公积金及个人所得税后的金额。

按照 2011 年 9 月 1 日起开始执行的《个人所得税实施条例》规定，工资薪金的免征额提高到 3500 元。个人所得税税率见表 5-3。

表 5-3　个人所得税税率表

全月应纳税所得额	税率/%	速算扣除数/元
全月应纳税所得额≤1500 元	3	0
1500 元＜全月应纳税所得额≤4500 元	10	105
4500 元＜全月应纳税所得额≤9000 元	20	555
9000 元＜全月应纳税所得额≤35000 元	25	1005
35000 元＜全月应纳税所得额≤55000 元	30	2755
55000 元＜全月应纳税所得额≤80000 元	35	5505
全月应纳税所得额＞80000 元	45	13505

个人所得税的计算公式为

$$工资薪金应纳个人所得税 = \left(工资薪金总额 - \begin{matrix}个人缴纳的社会保险费\\和住房公积金\end{matrix} - 3500 元\right)$$
$$\times 适用税率 - 速算扣除数$$
$$实发工资 = 应发工资 - 个人社会保险费 - 个人住房公积金 - 个人所得税$$

温馨提示

　　若出纳在实务工作中用 Excel 表来制作工资表，建议在工资表中设置公式。具体做法是将个人所得税一栏设成：

ROUND(MAX((税前工资－3500)*{0.03,0.1,0.2,0.25,0.3,0.35,0.45}－{0,105,555,1005,2755,5505,13505},0),2)

　　另外，社会保险费和住房公积金，由于各地的缴费标准不一样，所以各企业的计算方式也有所差异。具体请根据当地缴纳的标准进行计算、缴交。

　　社会保险费可以拨打 12333 进行咨询，或直接登录当地社保局网站进行查询。

　　住房公积金可登录各地的住房公积金网站进行查询。

3. **问**：发放工资时，是不是一定要发工资条给员工？

答：是的。企业发放工资时，要发工资条给员工，具体方式有密函、纸质工资条、邮件、短信通知等。具体可根据企业规定选择。

4. **问**：出纳将公司员工的工资信息告诉别人，这种做法是否正确？

答：不正确。因为个人工资信息属于个人隐私，出纳应当为其保密，不得泄露相关信息。

5. **问**：公司员工因为请假或者出差不能亲自领取工资时，是否可以叫人代领？

答：可以叫人代领。具体方法如下。

(1) 出纳应先打电话给委托人，确认其工资是否找人代领。

(2) 要求代领人出示身份证原件，确认代领人信息。

(3) 要求代领人出示委托人与代领人的委托代领协议书。

(4) 要求代领人在工资表上签字并填写身份证号码。

业务 29　小企业出纳业务

情景案例

　　出纳钱多多刚到一家小企业上班，在交接工作时，钱多多觉得自己出纳业务娴熟，就没有仔细询问该企业出纳需要做的事项。交接后，钱多多每天都将货币资金、票据、有价证券等相关工作处理得很好，钱多多对自己的工作很满意。可是，一个星期后，财务经理批评钱多多没有把工作做好，社保增减员、住房公积金等事项都没有做。钱多多很委屈，也很纳闷，出纳为什么要做这些事情，这些事情不是行政人员做的吗？

　　出纳的主要业务是对货币资金、票据和有价证券的收付、保管、核算。但是，实务中，一些小企业出纳除了做这些事项外，往往还需要帮忙处理公司的行政、采购等事项。因此，小企业出纳除了了解出纳的本职工作外，还需要重点关注三个方面的内容：出纳行政事项；出纳采购事项；出纳其他事项。

一、出纳行政事项

　　小企业出纳处理的行政事项主要有：社会保险、住房公积金、营业执照网上年度报告、《企业工资总额使用手册》。

（一）社会保险

　　社会保险主要由养老保险、医疗保险、工伤保险、失业保险、生育保险五大部分构成，一般由地税局征收、社保局发放、财政局监管。

　　实务中，出纳人员应重点做好社会保险登记管理和网上年度申报。

1. 社会保险登记管理

　　社会保险登记管理主要分为四个方面：增员登记、减员登记、变更登记、对账查询。

　　1）增员登记。实务中，劳动合同时间即为缴纳社保时间。新增人员参保操作流程见图 5-29。

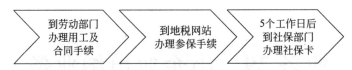

图 5-29　新增人员参保操作流程

（1）到劳动部门办理用工及合同手续。公司确定录用员工后，应在 30 天内到劳动部门办理用工报备手续。公司一般会集中一个时点统一办理。

首先应登录人力资源网注册、登录，按网上界面内容要求逐项录入员工的信息资料并提交。拟报备的一批员工信息资料录入并提交完后，打印出《职工花名册》和《录用员工登记表》等相关资料并加盖单位公章，同时准备好《劳动合同》3 份一并带上，到劳动部门办理报备手续。具体申请资料请咨询当地劳动部门。

（2）到地税网站办理参保手续。用工报备后，应到地税网站办理参保手续。根据《社会保险费申报缴纳管理规定》要求，用人单位当自用工之日起 30 日内为其职工申请办理社会保险登记并申报缴纳社会保险费。

一般情况下，网上申报增员的受理时间为每月 1 日至月底，地税的处理时间为每月 4 日至每月最后 1 个工作日的工作时间内。

登录地税网站，输入用户及密码后，进入"单位人员增员申报"，进入增员申报协议，单击"同意"→"继续"，进入"增员模块"，录入参保人员信息（见图 5-30）。

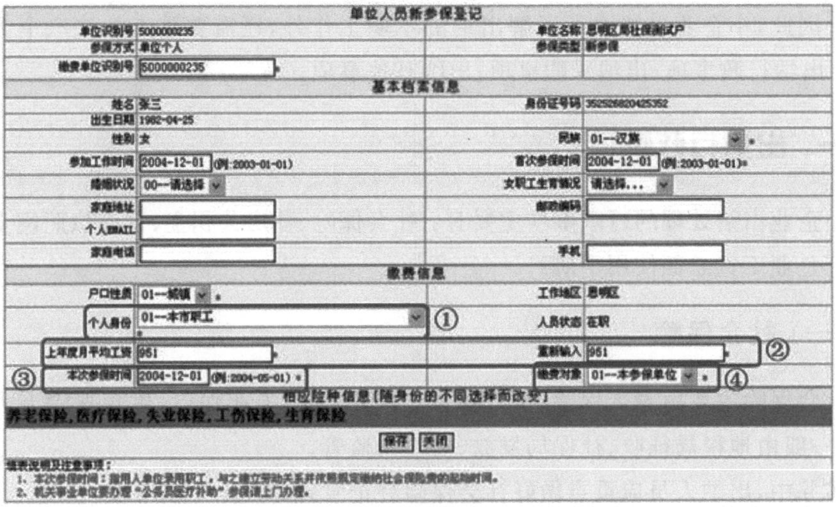

图 5-30　录入参保人员信息界面

录入参保人员信息时，应注意图 5-30 中①、②、③、④的填写：①个人身份，地税网站自动设置本市职工、外来人员、外来管理技术人员三种情况，企业可根据实际情况选择；②上年度月平均工资，实务中，员工社保缴费工资一般是以职工上一年度月平均工资为缴费基数；③本次参保时间，一般来说，劳动合同时间即为缴纳社保时间；④缴费对象，企业一般选择"本单位缴纳"，否则无法代扣到社保费。

如果新增人员比较多，公司可按预定的模板录入好数据，提交方可处理，批量增员一次性不得超过 2000 条。

录入完成后，单击"提交"，即可进入"查询已提交数据"查询单位是否增员成功，查询界面见图 5-31。

					单位增员社保登记查询				
单位识别号	5000000235				单位名称	思明区局社保测试户			
姓名					身份证号				
提交时间		至		(例:2003-01-01)	增员类型	全部			
转换结果	全部							查询	返回

增员类型	姓名	身份证号	个人身份	提交时间	处理时间	处理结果	处理意见	明细
新参保	张三	35060980805311	本市职工	2004-11-10	2004-11-10	转换完毕	处理完成	查看
新参保	冯进测试	430333800518455	外来工(含农民)	2004-08-12		未受理		查看
新参保	冯进测试	430333800518456	本市职工	2004-08-12		未受理		查看
新参保	冯进测试	430333800518457	外来工(含农民)	2004-08-12		未受理		查看
新参保	冯进测试	430333800518458	本市职工	2004-08-12		未受理		查看
新参保	冯进测试	430333800518459	外来工(含农民)	2004-08-12		未受理		查看
新参保	冯进测试	430333800518460	外来工(含农民)	2004-08-12		未受理		查看
新参保	冯进测试	430333800518461	本市职工	2004-08-12		未受理		查看
新参保	冯进测试	430444800518401	外来工(含农民)	2004-08-12		未受理		查看
新参保	冯进测试	430444800518402	本市职工	2004-08-12		未受理		查看

第1页 共253条 共26页 第一页 下一页 前一页 最后一页 前往页面 [ ] go

图 5-31　单位增员社保登记查询界面

如果处理结果显示为"转换完毕"，表示增员成功，企业可将此页面打印下来，到社保经办机构制作社保 IC 卡等。如果系统显示为"未受理"，表示地税待处理。

（3）5 个工作日后到社保部门办理社保卡。办理人员将查询结果打印后，准备好完整的拟制卡人员名单（含姓名及有效身份证件号码）并加盖公章、参保人员的身份证复印件及其近期 1 寸正面免冠白底彩色头像一张。

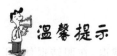
温馨提示

（1）复印件必须清晰，字迹模糊时要在空白处注明。

（2）本人近期 1 寸正面免冠彩色头像必须符合以下要求：参照《居民身份证用数字相片技术要求》（GA4612004），照片背景为白色，无边框，人像清晰，必须着有领的深颜色衣服。

2）减员登记。员工离职的当月底前应办理社保减员手续，减员当月的社保费仍在公司生成，由公司申报缴纳。减员成功的次月不产生社保费。办理网上单位减员的时间为每月 1 日至月底，1～3 日的减员数据在 4 日统一处理。

具体操作步骤如下。

第一步：进入地税网站，单击"单位人员减员申报"（见图 5-32）。

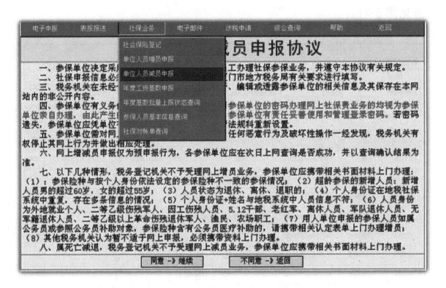

图 5-32　"单位人员减员申报"界面

第二步：进入减员界面，录入要减员的姓名和身份证号（见图 5-33）。

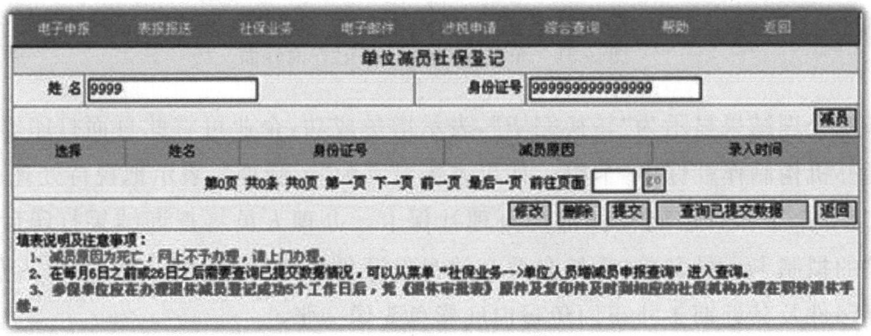

图 5-33　录入减员信息界面

第三步：选择减退原因，一般有三种情况可供选择：减退、在职转退休、死亡（见图 5-34）。企业根据实际情况进行选择，单击"保存"按钮提交数据。

第四步：进入"查询已提交数据"界面，查询减员是否成功（见图 5-35）。如果显示"转换完毕"，用人单位可以将此界面打印下来，到社保经办机构打印对账单。

3）变更登记。实务中，不同原因造成的社保变更登记，需准备的资料有所不同，一般较常出现以下两点信息变更。

图 5-34 选择减退原因

图 5-35 查询减员结果

（1）由于单位申报错误导致员工重要登记信息变更的，需提供身份证（验原件收复印件，复印件需加盖单位公章）；单位证明；入职登记表及劳动合同（验原件收复印件，复印件需加盖单位公章）。

（2）因员工户籍迁入/迁出导致员工重要登记信息变更的，迁入需提供招工表或调令与身份证、户口本（验原件收复印件，复印件需加盖单位公章）；迁出需提供身份证、户口本（验原件收复印件，复印件需加盖单位公章）。

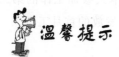
温馨提示

　　各地社保信息变更有所不同，有些地方只需要网上提交变更信息即可，有些地方需要到柜台提交资料，具体请咨询当地的社保局或拨打 12333。

4）对账查询。企业增、减员后，每月正常申报，申报时间一般为每月 6～20 日，超过 20 日后仍未申报的，可上门填写延期申报声明上门补申报。企业申报费款后，可在网上查询每月的社保总账及明细，也可查询以前月份的缴费金额和缴费明细。

2. 网上年度申报

社保年度申报一般在 5 月至 6 月 20 日，年度申报期间内新增的人员也应做年度申报，年度申报数据可多次提交，以最后一次数据为准，未年度申报的，其下一年度缴费工资自动增 10%。具体情况请咨询当地社保局或拨打电话 12333。

（二）住房公积金

住房公积金相当于是职工与用人单位一起储存的一笔住房专用储备金，用来帮助职工租房或买房。根据规定，缴存比例一般为用人单位和个人各缴纳一半。职工个人缴存部分由单位代扣，连同单位缴存部分一并缴存到住房公积金个人账户内。

1. 设立住房公积金账户

新设立的单位应当自设立之日起 30 日内办理住房公积金缴存登记，可登录住房公积金管理中心网站，单击进入"单位开户登记"，填报《单位住房公积金开户登记申请表》等相关表单信息，经中心审核后，打印住房公积金单位开户登记表一份并加盖单位公章后，连同住房公积金汇（补）缴清册以及银行开立账户需提供的央行规定的其他材料，自登记之日起 20 日内到银行办理开户手续。

2. 住房公积金日常事项

企业录用新聘员工，应自录用或调入职工之日起 30 个工作日内，持住房公积金缴存变更清册，到受托银行为尚未设立个人住房公积金账户的职工办理账户设立手续。

住房公积金缴存基数为职工本人上一年度月平均工资。职工上一年度月平均工资是指职工上一年 1 月 1 日至 12 月 31 日在现缴存单位实际工作期间按照国家有关部门及各市规定的工资总额口径计算的月平均工资。

每月汇缴时，若缴存职工和金额没有发生变动，应按上月住房公积金缴存人数及金额缴存住房公积金。如有变动，应根据人员和金额变动情况，填写住房公积金缴存变更清册，向受托银行申报。

新参加工作职工当年的住房公积金缴存基数，为职工本人参加工作的第二个月工资。新调入职工当年的住房公积金缴存基数为调入单位发放的首月工资。

（1）住房公积金缴存基数随职工工资变化调整，每年调整一次，调整时间为每年 7 月 1 日。单位应于每年 7 月 1 日前持住房公积金汇（补）缴清册，到受托银行为职工办理住房公积金缴存基数调整手续。

（2）企业上一年度亏损，经本单位职工大会或者职工代表大会或者工会讨论通过，并经市住房公积金管理中心审核，报市住房公积金管理委员会批准后，可以降低住房公积金缴存比例，降低后单位和职工住房公积金缴存比例不得低于 5%。

（三）营业执照网上年度报告

2014 年 10 月 1 日起停止了营业执照年度检验工作，取而代之的是企业年度报告。工商局建立了"全国企业信用信息公示系统"，企业自行把登记情况、取得国家相关部门许可的资质资格证书、资产状况、资本等信息，一一进行报告，并直接对社会公示。

企业应当于每年 1 月 1 日至 6 月 30 日，通过企业信用信息公示系统向工商行政管理部门报送上一年度年度报告，并向社会公示。当年设立登记的企业，自下一年起报送并公示年度报告。

网上年度报告操作流程如下。

1. 登录"全国企业信用信息公示系统"

经办人员根据企业登记机关所在地区选择进入的地区网站，企业要报送年度报告或进行即时信息公示，首先需单击首页上的"企业公示信息填报"进行登录（见图 5-36）。

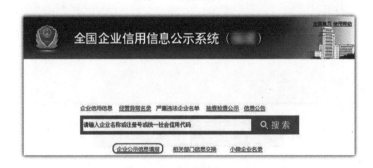

图 5-36　登录界面

2. 首次填报企业注册

首次进行填报的企业，需要进行企业身份认证注册，根据系统提示的信息填写（见图 5-37），确认注册信息无误后，单击"提交"，完成身份注册。

3. 登录系统

注册成功后，进入系统登录界面（见图 5-38），填写用户名、密码、验证码登录。

4. 网上年度报告——基本信息填写（必填，公示）

选择填报的年份后，单击"确定"即可进入年报填报界面（见图 5-39）。企业根据自己的实际情况如实填写，其中"是否有网站或网店""企业是否有投资信息或购买其他公司股权""有限责任公司本年度是否发生股东（发起人）股权转让"，如果选择"否"，则后面对应的标签页将隐藏。从业人数为必填项，但企业可选择是否公示。

对于私营企业，在填写从业人数后，还需填写人员组成（见图 5-40）。此项为必填项，但不对外公示。

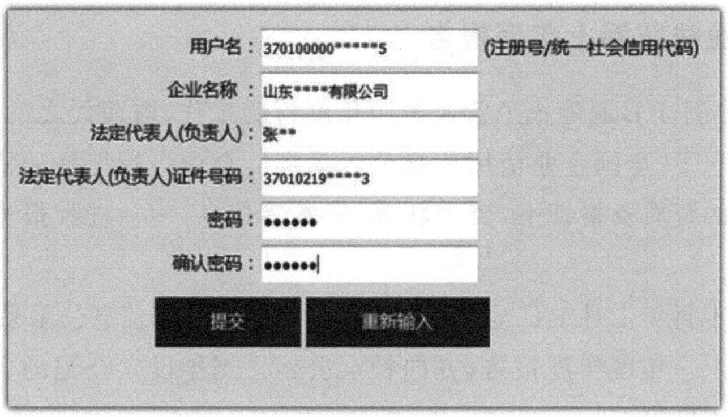

图 5-37 注册界面

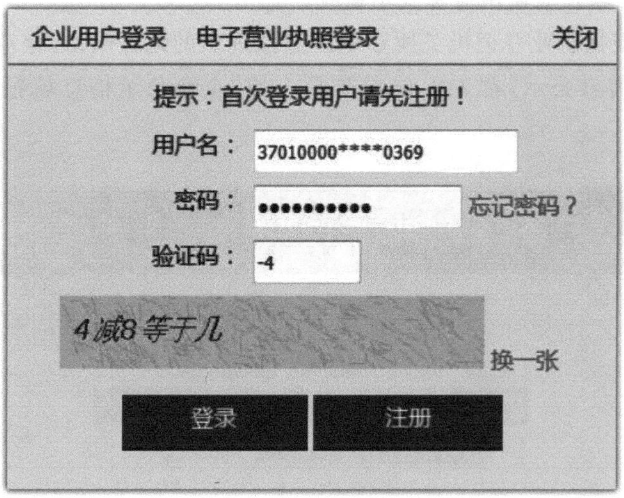

图 5-38 登录界面

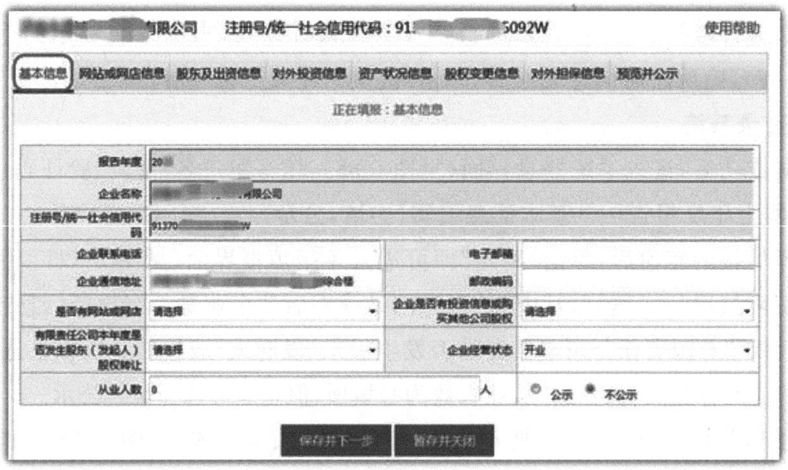

图 5-39 基本信息

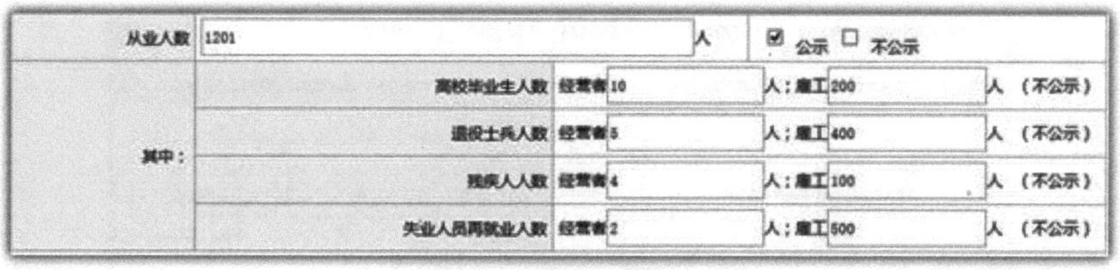

图 5-40　人员组成信息

5. 网上年度报告——网站或网店信息填写（公示）

填写企业自身拥有的网站或网店信息（见图 5-41）。

图 5-41　网站或网店信息

6. 网上年度报告——股东及出资信息填写（公示）

填写企业年报年度内股东及出资信息（见图 5-42）。

图 5-42　股东及出资信息

7. 网上年度报告——对外投资信息填写（据实填写，公示）

填写企业年报年度内投资设立企业或购买股权企业的信息（见图 5-43）。

8. 网上年度报告——资产状况、股权变更、对外担保信息填写（据实填写，选择公示，股权变更必公示）

如实填写企业年报年度内企业的资产状况信息（见图 5-44 中的①）、股权变更信息（见图 5-44 中的②）、对外担保信息（见图 5-44 中的③）。

图 5-43 对外投资信息

图 5-44 资产状况信息

9. 网上年度报告——党建信息填写(必填,不公示)

私营企业填写其在年报年度内的党建信息(见图 5-45)。

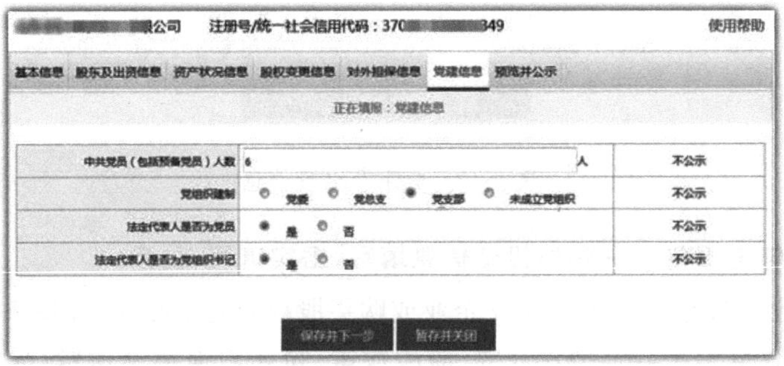

图 5-45 党建信息

10. 预览、公示

以上步骤操作完成后,对年报填报信息进行汇总预览,无误后便可以公示,即完成网上年度报告。预览界面见图 5-46 所示。

图 5-46　预览界面

 **法律法规**

企业信息公示暂行条例（国务院第 654 号令）

第十条　企业应当自下列信息形成之日起 20 个工作日内通过企业信用信息公示系统向社会公示：

（一）有限责任公司股东或者股份有限公司发起人认缴和实缴的出资额、出资时间、出资方式等信息；

（二）有限责任公司股东股权转让等股权变更信息；

（三）行政许可取得、变更、延续信息；

（四）知识产权出质登记信息；

（五）受到行政处罚的信息；

（六）其他依法应当公示的信息。

（四）《企业工资总额使用手册》

《企业工资总额使用手册》是银行以支付企业工资性现金的唯一凭证。所有企业均应凭《企业工资总额使用手册》提取工资性现金,用于职工工资的发放,不得挪作他用。企业工资性支出应通过其基本账户办理,且需出具《企业工资总额使用手册》,企业不得超过《企业工资总额使用手册》的限额支取现金。

1.《企业工资总额使用手册》的核发

实务中,新成立企业需在开业一个月内及时到同级人力资源和社会保障部门申请办理《企业工资总额使用手册》。初次办册需提交的材料如下。

(1) 企业法人营业执照副本("五证合一"原件、复印件各 1 份)。

(2) 公司章程(原件、复印件各 1 份)。

(3) 经中国人民银行批准的开户许可证(复印件 1 份)、银行账号。

(4) 企业人工成本情况和企业在岗职工工资调查表(原件 1 份),该表可到人力资源和社会保障部门现场领取。

(5)《企业工资总额使用手册》申报表。

(6) 上个月社保税单及税单申报表(复印件 1 份)。

(7) 其他所需资料。

《企业工资总额使用手册》的有效使用期限为当年 1 月 1 日至 12 月 31 日,每年 3 月底前需要更换新册。换领新册需提交的材料如下。

(1) 上一年的《工资总额使用手册》。

(2)《年审换册及自定工资总额申报表》。

(3) 企业董事会确定当年工资总额使用计划决议(无董事会的提供企业行政会议决定)或工资集体协商确定当年工资总额的协议。

(4) 其他所需资料。

以上资料复印件均要加盖单位公章,由于各地申办资料各不相同,具体可咨询当地的人力资源和社会保障局。

2.《企业工资总额使用手册》的管理

《企业工资总额使用手册》办理完成后,企业每月由银行代发工资,应携带签发好的支票以及在《企业工资总额使用手册》中的支付记录页中登记好当月发放的金额,并在经办人签章处盖上出纳的私章,一并提交给银行办理代发工资。

企业支领工资总额不得超过报备的当年工资总额使用计划,如支付工资累计额已接近当年工资使用计划,需及时到人力资源和社会保障行政部门办理追加手续。

二、出纳采购事项

实务中,有的小企业不设采购人员,直接由出纳进行办公用品、固定资产甚至是原材料的采购。小企业出纳负责采购事项,一般流程都比较不规范,此处不详细讲解。

三、出纳其他事项

小企业出纳除了做好本职工作、行政事项、采购事项外,还需要做一些其他事项。

(1)档案资料管理:将公司的合同、公告签批文件、制度签批文件整理好后,进行保管。

(2)证照的保管:保管公司的营业执照正本、副本等证照。

(3)印鉴的保管及使用:保管公章、财务专用章、合同专用章、法人章等,并负责盖这些印章。

(4)发票的购买与开具:有的小企业没有税务人员,出纳不仅需要购买发票,还需要开具发票。

(5)帮企业领导整理报销单据并填写报销单:小企业出纳往往还需要帮企业领导整理报销单据,并填写报销单。

除了上述事项外,不同的小企业还会根据公司经营情况及人员情况,给出纳安排一些其他事项。